U0631601

献给我的孩子

献给父母和宝贝们

寻光之旅

化解焦虑，
爱笑的妈妈十年育儿手记

阿宝

著

辽宁人民出版社

ⓒ 阿宝　2022

图书在版编目（CIP）数据

寻光之旅：化解焦虑，爱笑的妈妈十年育儿手记 /
阿宝著 . — 沈阳：辽宁人民出版社，2022.1
ISBN 978-7-205-10256-2

Ⅰ . ①寻… Ⅱ . ①阿… Ⅲ . ①家庭教育 Ⅳ . ① G78

中国版本图书馆 CIP 数据核字（2021）第 167373 号

出版发行：辽宁人民出版社
　　　　　地址：沈阳市和平区十一纬路 25 号　邮编：110003
　　　　　电话：024-23284321（邮　购）　024-23284324（发行部）
　　　　　传真：024-23284191（发行部）　024-23284304（办公室）
　　　　　http://www.lnpph.com.cn
印　　刷：北京长宁印刷有限公司天津分公司
幅面尺寸：145mm×210mm
印　　张：9.25
字　　数：190 千字
出版时间：2022 年 1 月第 1 版
印刷时间：2022 年 1 月第 1 次印刷
责任编辑：高　丹
封面设计：丁末末
责任校对：郑　佳
书　　号：ISBN 978-7-205-10256-2

定　　价：58.00 元

我不是教育学家、不是心理学家、不是社会学家，我只是一个普通的妈妈，一个为了与孩子更好地沟通而不放弃学习的妈妈。以下的文字是我育儿 10 年间点滴故事和心得，与你分享。如果能够带来一点点安慰和光亮，那么这件事就是值得的。

完成比完美重要

孩子是我心田上的一颗种子，不是我手上的一枚钻石。

——送给所有的父母们

翻开这本书之前，我想，你已经研究育儿很久了。

也许，你有着最质朴的初心，全身心地拥抱这个因你而来的小生命，陪伴 Ta 感受成长，享受每一个生命的瞬间。也许，你对 Ta 的人生并无过高奢望，能够拥有健康的身体、健全的人格，能过好平凡人的一生就很好了。也许，你为了孩子好的"私心"还会随着孩子日渐长大而多起来——最好再聪明些、坚强些、努力些、乐观些，甚至再高一点、瘦一点、强壮一点……

我也一样。

作为两个娃的妈妈，在养育孩子的路上，时急时缓地走着，喜悦与焦虑像两只看不见的翅膀，如影随形。时而急着赶路，时而看看风景，就这样，走过了十年，踩过很多雷，也越过很多山丘。

在电台工作十几年，陪伴着听众们度过一个又一个早高峰。按理说，主播应该深谙说话之道，但是当妈妈，却难以驾轻就熟。做父母，心到、眼到、口到。可很多时候，我们口先到，眼再到，心里还没到呢。说出过分的话、一厢情愿的话、不负责任的话，伤害了孩子又让自己陷入自责中。碰壁了，反思，深吸口气，静静心，换个角度再试试，提醒自己虚心静虑放轻松。回头看，陪伴孩子成长的根本，还是父母的自我成长。

读了不下百本有关教育的书，总结下来几个关键词，按照重要程度来排排序——爱、自由、规则、兴趣、感知、责任。没有任何一本书能够解决我们所面临的所有问题，能带来一丝光亮和启发就已弥足珍贵。毕竟，成功学最讨厌的地方在于无法复制，我们也不能全靠着别人的攻略来穿越自己的丛林和高山。所以，这本书打起心动念那会儿，就没有把它想象成工具书照学就会，它充其量就是一种分享。在行色匆匆的旅途中，在千百万人之中，偶遇少部分人聊聊心声，往彼此的油灯里再添一点点灯油。

但是，没想到写了这么久。

这是一次漫长而充满艰险的旅程。臣君是我《阿宝客厅》节目的嘉宾，相识多年的老友，每周下了节目后，我经常向他念叨孩子们的近况，我的烦恼。作为局外人，他也常常"一语中的"地发现问题，或帮我挖掘解题方法。一天，我们一拍即合地决定，写本书吧，把和孩子一起成长的故事写下来。于是，就有了这本《寻光之旅》。从我和臣君开始动笔到收工，我们用了4年多的时间，这4年里经历过煎熬，经历过碰撞出的共识，互相鼓励，互相刺激，互相嘲笑对方的懒惰和拖延，以及无力表达……貌似赤手空拳走进了原始森林，心中敬畏，但别无选择。

似乎大多数新闻工作者都有执着到令人发笑的表达欲和责任心，从对听众负责，到对读者负责、对孩子负责、对自己负责，我们力求完美，所以经常陷入自我质疑、自我否定，甚至几度想过放弃。女儿一直在为这本书画小插画，臣君也经常提醒我，完成比完美重要，哪怕努力做出一点点，也比空想了几年什么都不做强。

再努力也会有遗憾，要学会接受。

于是，我们硬着头皮，周而复始地继续着，写了删，删了写，酝酿了五六年，写了4年，加一起整整10年。当然这个过程并非没有益处，曾经心里没底的一些想法和尝试，后来时间证明了最初的判断是对的。读过了更多的书，科学、历史、哲学、美学、文学……见过更多的家长和孩子，我们心中更有底气——这是一本真诚的书，也是一本没有走歪的书。

不管是理性的思考还是激情的表达，都是我们在经历过后的一点点沉淀所得。

就这样，我们端出了略显文青、略显稚嫩的一本书，希望你看后会理解，在做母亲这场漫长的修行中，我确实思考过，确实努力过。我愿把这本书献给所有深爱着孩子，同时深深焦虑着的父母们，和我的两个宝贝。

曾经读过一首小诗，叫《现在的心愿》。有两句很打动我："用金星和上弦月回忆我，用海棠和松针埋藏我。"不知道若干年以后我的孩子们回忆起自己的童年时光，会有哪些画面、哪些味道、哪种情绪填满他们的脑海心田？而我想起他们，无论任何时候，都是脸上泛起笑容，心里透出柔软。

阿宝

2021年5月

于沈阳

Part 2

陪伴孩子，
做成长路上的 "better me"

Part 1

按下葫芦起了瓢，
育儿路上不期而遇的难题

焦虑
当主播的孩子说不好话

我的孩子说不好话。

初为人母，这可以算是一个大麻烦。

我的职业是一名广播电台的主持人，听我妈说，在七八个月大的时候，我就已经冒话了，一岁多的时候，已经能够非常清晰地表达自己想说的话了。似乎是顺理成章，我从来没想过自己的孩子在说话这个问题上会有什么麻烦。可是，偏偏就是这样。

这个大麻烦给我的第一个教训是，喝多少心灵鸡汤都没用，所有的问题还是要自己扛，都需要一个一个去面对。

"八〇后"养孩子，是一代翻书养娃的实践者。老一辈的育儿经验我们不能完全信服，东西方文化的交流、知识结构的更迭、互联网带来的眼界，让我们更愿意接受书本权威。从怀孕那天起，就用书籍丰满自己，《西尔斯怀孕百科》、日本松田道雄的《育儿百科》、《崔玉涛图解家庭育儿》……中西合璧，兼容并包。三翻六坐、七八个月会爬、一岁迈步这些事情女儿廷廷都过渡得挺平顺的，我真正的焦虑在她上幼儿园前出现了。

普通的孩子会在一岁左右冒话叫爸爸、妈妈和单个字，两岁左右形成简单句子，三岁可以背诵儿歌、诗歌，和复杂些的句子。女儿说话倒是不晚，但是发音不准，主要是舌根音发不出来。这么说有点涩，通俗来说就是她的 g、k、h 三个音都发不对，于是小哥哥就成了小嘚嘚，小狗狗就成了小抖抖，喝水就变成了 te 水。

一开始，我并没有着急，挺淡定的。毕竟每一个人的口腔肌肉群发育是不一致的，有的早有的晚，需要时间。

幼儿园小班一年就这么过去了。

从专业角度来说，三岁说不清话也正常，可以鼓励孩子先听准、再说准，千万不要抓住孩子说不好的字眼反复强调，那样会适得其反，孩子会因为太过紧张反而不敢说话了。

道理是懂，但时间一长，要说不着急真的做不到。不解决掉这个问题，我的心一直都悬着。还有自责。一个把"说话"当"饭碗"的人，竟然没把自己的孩子说话教好。

"妈妈，我为什么说话不如别的小朋友清楚？"一天女儿问我。上了幼儿园后，有了小伙伴，有了清晰的比对对象，她意识到自己与他人的不同之处，孩子开始变得敏感和自卑。

这时候他人的安慰也无法抚慰到我了。正如我的朋友臣君所说，现实困境就是困境，等这个困境真正被解决掉了，你才能够真正地摆脱焦虑。

一位心理咨询师朋友曾经跟我说，他给很多人做过心理咨询，解除过很多人的焦虑状态，可是当他自己的父亲躺在病房里时，那种焦虑和彷徨是他掌握的任何心理咨询技术都无法解决的。

这时候尽管我焦虑，但是在孩子面前，还要尽可能保持平静，我不能把焦躁情绪带给无辜的孩子。

在幼儿园接下来的两年里，我咨询过医生、心理学家，求教过好几位播音届的前辈和从事语言工作的老师，他们给我的答案都是：阿宝，你别着急，现在不要去医院，不要做手术，给孩子一个自我纠正的机会。

我选择了相信。

育儿路上，这是我第一次感觉到，有些事不是你自己凭努力就能做到的，孩子也并不会完全按照你的思路成长，孩子是完整的她自己，圆满与缺失，你都只能去接受。可是同时，又不能放弃努力去画那个美好的圆。

我和幼儿园的老师沟通，廷廷的语音 g、k、h 发不清楚，请你不用特意纠正和强调。老师很理解。

这三年时间里，我们没有放弃过练习。看到小狗，让她说"小狗"，她说"小抖"，常常说两三遍的时候，她就生气得再也不想说。也不勉强，切换到别的。

情况仍然没有好转。

培根说过一句偏颇的话：男人一旦有了妻儿就相当于向命运递交了人质，难成大事。

实际上对绝大多数妈妈而言，不管成不成大事，有了孩子，身心自然会被孩子牵绊。

一转眼，就要上小学了。

上小学后，必须要面对老师的课堂提问和与同学的交流，说话不清楚已经影响到她的日常学习和交友了。

我又一次走进学校，利用家长公开课的间隙和老师说明了情况，告诉老师孩子发音存在的问题，希望老师正常对待她就行，不必避讳发言也不用过多纠正。因为她的发音问题，不是课堂上简单的纠正就能改变的。众多同学面前的每一次纠正，都是对孩子语言缺陷的一次强化，会让她更加不敢与人交流，也就更没有自信。忽略，是最好的方式。

必须要说的是，女儿的老师们都非常棒，她们在给予理解的同时也在用她们的方式鼓励着孩子。与老师实事求是的有效沟通，算是家长送给幼升小的孩子的一份有价值的礼物吧。

女儿自己非常清楚，小朋友们有时听不清她说话。

一年级上学期，她班几个小朋友到家里来玩，其中一个跟我说："阿姨，廷廷说话有时候我听不懂。"

那一次我印象特别深，那一刻我无言以对。

真想带她去看医生了。必须得带她去看医生了。不去不行了。

事情的转机发生的既出乎意料，又顺其自然，那个场景我永远也忘不了。

那天晚上，循例和女儿睡前卧谈会，躺在床上聊天，这是每天晚上临睡前我们都会做的事情。大概聊了十多分钟，我建议她，要不要和妈妈再一起试试 g、k、h。

这时候她非常放松，对她来说，每晚和妈妈聊天、听故事的时刻是最轻松的时刻。

她欣然同意。

"宝贝，你试试，不要用力，舌尖不要动，把舌头根和上牙膛那碰一下，别着急，轻声说，k……"

她很快就发出了 k 的音。

我当时激动得心都要跳出来了。

"女儿，你连说三个 kkk。"

她又清晰地说出来了。

"你 k 都说对了，现在说 g 肯定也没问题。"

好吧！她又说出了 g。

接着她又说哥哥，可以了。

狗狗，可以了。

科学，可以了。

哥！科！喝！都可以了！

我们两个人从床上激动地跳了起来。

她大声跟我说，妈妈，我终于知道那个字怎么说了！！我所有的字都会读了！！

我和她就这样一起，在那个晚上，找到了那个发音位置。

就这样，我们俩就像从未读过一本书的样子，把那些字翻来覆去地读，确定我们不是在做梦，也不会一觉醒来后，又做不到。

都半夜了，我还是没忍住，把这个消息告诉了女儿的语文老师。

这件事让我真切地体会到：养育就像种树一样，中间所有的努力就如给树施肥、松土，你看不到它在成长，直到有一天，这棵树突然就发芽成长，如果因为沮丧、挫败感而放弃，那这棵树也许会等到更久才会长大，抑或者是再也没有成长的可能。

等待，修行，所有的快乐都是从痛苦中赎回来的。每个妈妈都是这样，面对一个又一个或简单或艰难的问题，一点一点修缮自己的内心，才迎来了孩子的成长，也等到了自己与之匹配的成长。

这件事对于孩子的意义远大于发音标准本身，女儿用了四五年的时间终于跨过了这个巨大的障碍，虽是偶然，但却触碰到了一个很重要的认知：有些事情，现在做不到不等于永远做不到，只要不放弃，总会有收获。

当然，在六岁之前的那几年，我们怎么也不会想到她能越说越自信，还能参加中文英文演讲比赛，用她的风格，流畅、自信地去表达。

大诗人华兹华斯住过的地方，有着全英国最美丽的自然风光，但是有一天，大侦探波洛到了湖区，当他深一脚浅一脚踩在风景如画的泥泞中时，抱怨说，是的，这里风景很美，但这真不是人待的地方。

其实我们的生活不也是如此吗？看着别人的生活如华袍，但也许内中已经千疮百孔。

谁都有不好过，只有挺过去，只能挺过去。过去了，回头看，真美，真好！

　　孩子的语言发育既是大问题，也是小问题。大问题是因为语言是伴随孩子一生的一张名片，小问题是时间会适当补全大多数语言上的缺陷。但是，在现实生活中，我真的接触到一些人，很大年龄了，还是说不好话，比如"了、来、老、乐、讷"分不清、"塑料"说成"塑尿"等等，要么是发音位置没有找对，小时候被忽略了，形成了习惯，或者是生理上确实存在一定的问题。这些需要父母们细心地去发现、引导、辨别，积极应对。通常来说，听得准才能说得准，回忆起女儿的成长，在几年的时间里，我们几乎没有间断地每天有固定的时间出声读书、睡前聊天，看似平常，皆有意义。

微博语录　2017.4.2

　　"妈妈，我在我的房间看到一只小虫子，它可能是发现我了，所以它就变成了一个芝麻，但是我还是拍住它了。"哈哈，你的语言无比生动。

02

闹心
面对一个爱哭的孩子，你怎么办？

我跟我妈之间的育儿分歧之一，就是关于哭。

哭这件事，我推崇自由，作为人的情绪，哭与笑应该是被平等接纳的，但是上一代人往往不这么认为。老人觉得孩子哭闹第一代表不坚强，第二代表没家教、磨人，第三不懂事，在外人面前让父母难堪。

女儿小的时候，是一个特别好沟通的小孩，爱说爱笑不爱哭。打疫苗的时候，我们对她说："打针有点疼，但是不一定特别疼，你可以试着忍一忍，如果忍不住，就哭一哭。"可是她通常都不哭。

但是到了四五岁的时候，她开始爱哭。

因为一点儿不顺心的事，哭了。

因为别人说了某句话，哭了。

因为手工画没做好，哭了。

因为不会做作业，哭了。

因为和小朋友玩的时候意见不合，哭了。

因为各种各样的原因，哭了……

有的时候，突然不开心了，哭了，你问她怎么了，她却不说话。

一年级的时候，有一天放学到家，她和我说，妈妈，我上学被老师罚站了，我问因为什么呢？她就开始哭，不说话。

我把她搂在怀里，让她哭一会儿，等她平静了再轻声细语问她原因，她告诉我，上课的时候和同桌的一个小朋友说话了，老师就让她站起来回答问题，结果她站起来不知道说什么，就默不作声地看着老师，也不回答问题。我问她是因为没有听清老师的问题吗？她说不是。那到底是因为什么呢？

原来，课堂上发生的事情很简单，那节课在讲海洋世界，老师让每位同学讲述一个海洋中的生物，轮到女儿的时候她正在开小差，被老师点到名字回答问题时就蒙了。

站起来后又不知道该说什么好，老师是个胖胖的老头，启发她说你不必说不知道，你说"我知道"，然后随便猜一个答案就可以了。女儿这时候好像觉得自己被逼到墙角了，也来了脾气，死活就是不吱声。

这时候她的那种无声的抗拒老师能明显感觉到。老师说，那你上后面想一想吧。

然后廷廷就站在教室后面哭了。

当天晚上她和我聊这件事时，又哭了。

她和我说，妈妈我就不明白，我真的不知道，为什么非让我说知道呢？我就是不想假装知道，然后说一个瞎编的答案，我说不出口。

我说："女儿你知道吗，老师叫你起来回答问题，其实是为了启发思考，和让你们参与课堂。你如果知道答案就好好回答，如果不知道也要明确告诉老师你无法回答的理由，比如你知道的都被别人说过了，你想不出来其他更好的了……而你只是站在那儿沉默，老师会认为你在对抗，不配合。而且老师之所以提问你，是因为发现你溜号儿了，他一直在启发你回答，是希望你跟上他的思路。你觉得是不是呢？"

那天晚上我们聊了挺久，她理解了，平静了。

能沟通得清楚、明白算是不错的。有的时候孩子突然就不开心、哭，你问她怎么了，她的第一句回答一定是：我不知道。

这个回答很容易让家长蹿上火气：你为什么哭你不知道？！

其实，她就是不想说或者不知道从何说起，对孩子来说，哭是某种情绪的外现，也许哭的原因很多，也许千头万绪的情绪堆积，她只能用一句"我不知道"来回应。

每当这样的时候，我都很想帮助她学会把情绪倾诉出来，毕竟每个人都需要良好的沟通，我默默地等待合适的机会。

有一天睡前卧谈，赶上她困了又有点闹情绪，我说：

"女儿你看，人啊有眉毛、鼻子和眼睛，都有各自的功能，嘴巴呢，除了用来吃饭喝水，还有个最重要的功能，就是说话，和他人沟通。不沟通，别人就不知道你是怎么想的，会说话沟通是人类和动物相比最了不起的地方。"

我又问她：

"你有时候是不是心里乱乱的？"

她哭唧唧地回答："是……"

"是不是没人理解很难受？"

她说："是……"

"那你是不是有很多话但是又不知道从哪儿说起？"

她说："是……"

"如果实在不知道该从何说起的时候，可以哭一会儿，把'我不知道'当成是一个最顽皮的小家伙，它抢着要冲出口的时候，你先想办法把它截住，然后慢慢地尝试说一句最想说的话，好吗？"

"嗯。"

"如果有很多理由，就先挑一个最想说的来说，好吗？这样，妈妈只有知道了到底发生了什么，才能更加理解你，才能在你需要的时候帮助你。你需要妈妈的理解和帮助吗？"

"需要。"

慢慢地，她平静了。又给我讲了几件学校这一天发生的事情，然后愉快地睡觉了。

一旦情绪被接纳了，孩子就有了安全感，就不会产生对抗，沟通才变得有可能。

有一个女作家，曾经在文章中回忆起她小的时候，外公外婆家有一块专门的地板，就是给她来打滚哭的，这个细节，我印象挺深的。可以想象那一定是一对有爱又有智慧的长者，给予了孩子充分的爱与自由。

我小的时候，父母严厉，哭这件事约等于无理取闹，是被压制的。我妈常说："想要什么好好说，哭没用！""多大点事儿啊，犯得上哭吗？"一度，哭就是不坚强的表现。哭就是没有办法的表现。公共场合的哭就是不合群，让父母难堪。如果遇到更严厉一些的父母，可能会说："哭什么哭，给我憋回去！"

成年后，我们当然能够理解父母当年的辛劳，我们也都顺顺当当地长大了，但是毕竟时代已经前进了数十年，昨天的教育方式再套用到今天的孩子身上，本身也是不符合进化的规律了。更何况，在成年后回头看自己的原生家庭，有多少人是带着遗憾与疼痛边自我疗伤边成长的呢？

当然了，公共场合的哭闹确实是既让人难堪又非常不礼貌，因为会打扰到他人。这个时候，我会把孩子带到没人的地方或者卫生间，了解一下是怎么回事，告诉她，哭可以，但是公共场合打扰到别人就不好了。你希望别人理解你的情绪，也需要适当地理解和关照别人的情绪，换一个角度想一想，你也喜欢大家在一起快快乐乐地玩儿或者很安静地做一件事，不被大叫声、哭声打扰，对吗？

　　只要好好说，孩子通常都是会理解的。

　　养育孩子，育的过程就像升级打怪，你这次过了，还有下一关要过呢，而且没到下一关就不知道下一关到底是什么在等着你。

　　不过，过了这一关，下次遇到类似的问题就会好很多。

　　女儿大约到了八岁，她哭的时候越来越少，我能感受到一个小小心灵的日益强大。一天放学在车厢里，她跟我说："妈妈，我今天有一件事你会为我开心的。"我说："什么事呢？宝贝。""今天我们踢足球的时候，一个球飞过来打在我的身上，速度特别快特别疼，我差点就要哭了，但是，我发现，经过我这么一挡，竟然挡住了对方的射门，球没有进到门里去，队友们都特别开心地叫起来，我也就忍住了，大家喊廷廷你太棒了，我竖起了大拇指说YEAH！妈妈，虽然真的很疼，但是我也不愿意像个娇气包儿似的很扫兴。不哭，反而自己真的很开心呢！而且，所有的同学都以为我肯定会哭，其实我没有，他们也很意外呢，我要慢慢改变他们对我的旧看法哈哈！"

我说："宝贝，你能这么想，妈妈真为你感到开心！但是如果实在是很疼，哭了也没有关系，解释清楚就没问题。真的受伤了，该下场就下场也不用硬撑着。"毕竟，我也不想孩子养成牺牲型人格，一切有度，自然就好。

孩子三岁到八岁之间，似乎专门就有那么两三年，妈妈像个消防员，到处灭火，按下葫芦起了瓢，修炼重点是不急不躁不放弃，迎难而上。

泰格尔说：Every difficulty slurred over will be a ghost to disturb your repose later on.（每一个你闪躲的困难，将来都会如鬼魂般打扰你的安宁。）

现在，女儿也是个很爱感动的孩子，但是那种孩童的"爱哭鬼"阶段已经过去了。她自己会经常自嘲："妈妈呀，这事儿要是放在我小时候，非得大哭不可啦。"

每一个孩子带着不同的生命密码而来，表现出性格的差异，笑与哭作为情绪是平等的，起码童年时都不该被压抑。毕竟成年后我们会明白，哭比笑奢侈，长大后，可以随心所欲地笑，却终究难以随心所欲地哭了，因为，成长这门大课无处不在教我们学坚强。

微博语录 2019.4.11

　　女儿：妈妈，我真羡慕爱丽莎，她怎么吃都不胖，她一顿吃 3 碗饭都不胖，腿却还是那么细。

　　我：哦，这样的人我也太羡慕了。

　　女儿：可是妈妈我也有让人羡慕的地方哇！

　　我：什么呀？

　　女儿：哭！我能想哭就哭，想停就停。只有好莱坞的演员才能这样对不对！

　　我：😓😓😓😓😓 好吧。

幸运的人一生都在被童年治愈，不幸的人一生都在治愈童年。

——阿德勒《儿童的人格教育》

03

困惑
孩子当众说话过于紧张，
不能流畅表达，怎么办？

孩子当众表达时爱紧张，往往是因为太过追求完美。

没有孩子的时候，很自信地觉得人生是选择。选择自己喜爱的职业、喜欢的书、喜爱的人、喜欢的生活方式。有了孩子以后，觉得人生是接受 + 选择。

在孩子身上，很多事情无从选择，只能接受，这也是孩子教给我的一堂课。

你不知道上天会让你拥有一个什么样的孩子。

我在台上讲话虽然也会有点紧张，但基本上还是可以自如表达的，从来没想到自己会遇到当着人讲话就蒙圈的孩子。

就说背诵课文吧，一年级，别的孩子上课高高地举手要背诵，廷廷也举手（虽然没有别人举得那么踊跃），但是，只要一站起来，马上就紧张，原本在家练得好好的课文，迟迟难以开口，老师以为她不会，不愿意浪费课堂时间，就让她坐下。

然后，她自己就会很懊恼，这种感觉特别痛苦。

有时候，课堂上需要人人背诵，或者人人回答问题，快轮到她的时候，她会强烈的紧张，虽然只要一旦开口，就能顺利地完成，但是开口前的心理活动往往格外激烈。

作为家长看到这个情形，心思也是百转千回，欲语还休——换做我们大人的心理，天呐，你就说呗，再坏的结果又能坏到哪儿去？管它对错你就说呗！

但孩子的内心，从来就不是那么简单。

六岁的寒假，女儿参加了一个古诗文诵读兴趣班，她非常喜欢。在课程结束的时候，有一个展示性质的小汇报演出。小小的舞台，早就背得滚瓜烂熟的内容，台下坐着十几个小朋友的家长，她就紧张得不得了，迟迟不敢登台。

因为对她太过熟悉，我能理解她的这种纠结和压力，但是对于同样坐在台下的其他的小朋友的家长来说，恐怕会觉得这个孩子也太胆小了吧。

其实我知道她能做得很好，但是因为追求完美的性格，加上小时候有几年的时间她说话的字音不准，使得她对于当众讲话这件事儿有着更强的畏惧感。这件事急不来，急不得，只能潜心等待水到渠成。

那天她到底是没有上台，活动结束后，她很紧张地看着我，我知道她在想什么，就笑着摸摸她的小脸说：饿了吗？

她也笑了，说：实在是太饿了！

然后我们就去吃饭了。没有人再提这件事。

迎来转机是二年级的六一儿童节，那年我们台里有一场主播和孩子与听众和孩子互动的线下公益活动。按照计划，在剧场里，主持人带着自己的孩子一起登台表演，并与台下的观众、听众和孩子们一起互动。

此前我几乎不带她一起在公开场合露面，想毕竟孩子还小，应该有自己小天地，不必过早地参与到大人的世界。但那次当我问她是否愿意参加的时候，她特别兴奋，说自己愿意参加。

当时我问她愿不愿意和妈妈一起演出时，她说，愿意。我说那你就准备一首你喜欢的小诗吧，什么内容都行。

她选择了冰心的《纸船》，问我行不行。我说行啊，挺好的。

但她能否有勇气坚持下来，我不确定。

结果其实也如我所料，还是出状况了。

冰心的《纸船》是非常短的一篇散文，女儿很喜欢，其实她早就背熟了每一个段落，每一个字。

但彩排开始后，在台上，她再一次，什么都说不出来。

借用小品里的台词：涛声依旧了！

彩排，在台上站立一会儿，我知道她是紧张了，开不了口，僵持有一分钟。

终于，她转过身，哭着朝后台跑去。

我的内心是焦虑的。

导演的内心是崩溃的。

别的小朋友虽然可能卡壳，但都顺了下来。廷廷，却逃跑了。

到了后台，我抱抱她。

问她，你是不是很紧张？

她又哇的一声哭了出来。

我说你平静一会儿，在后台自己练练再试吧。

她跟着我回到了台上，这一次，又是在话筒前站了半分钟没说话，又转身跑回后台。

哇哇大哭。

她一边哭一边跟我吐槽，话筒声音那么大，我的声音显得特别难听……

当时的化妆间，很多主持人和记者们、那么多的孩子，只有她成了"突出"的那一个。

我跟她解释："话筒只是一个声音的辅助，任何人忽然在扩音器里听到自己的声音都有点别扭，没关系，习惯就好了。彩排试麦也是为灯光师和音响师找位置，是互相配合的工作，不管习惯不习惯自己的声音，你想再试一次吗？"

她还是没有舍得放弃机会，第三次又上去了。

我这时能看出来，她已经不是害怕，而是生气，对自己生气，对自己愤怒。

然后，站在话筒前……她又哭了。

我又急又恼，彩排时间是有限的，如果我们耽搁太多时间，会影响到正常活动的进度。我跟女儿说，你跟着妈妈吧，你就在我旁边站着，不说话也行。

可是她又想演，又在哭："妈妈，我的妆花了，我现在太丑了，我的眼睛也红了。"

我深吸了几口气，也算是抓住最后一个机会。

"宝贝，平静一下，问问自己，你是不是真的很想参加这个演出？"

她用她最惯常的那种哭唧唧的语气回答我：

"想……"

"是不是下面很多人，你害怕自己表现不好？"

"是……"

"那妈妈告诉你一个小秘密，你设想观众不存在，灯光一打开下面一片黑暗，谁也看不见，就认真地说你的话就好了，要是忘词了，别哭，别喊，妈妈都能帮你接上，你相信妈妈吗？"

"相信……"

不知道是不是这三上三下释放了她的恐惧。

这时候已经不能再彩排了，台下坐满了观众。

带着女儿站在舞台上，我很坦诚地和观众说，这是我和孩子第一次公开亮相，不是每个孩子都善于表达，不是所有的孩子都必须适合舞台，而我的孩子可能就是其中的一个，表演成什么样都将是我们很难忘的一次经历，这个难忘的过程就是我们大家彼此共同见证的所谓"成长"。

然后让我和现场所有同事们都惊讶的事情发生了，廷廷的表现出乎意料地好，她非常淡定、自然、走心地演绎了自己的小作品，纯真，朴实，动人……坐在台下的同事和朋友们都说觉得廷廷讲得好温暖，根本没法跟之前的哭哭啼啼联系起来。

"女儿你觉得自己的表现怎么样？"

"妈妈我感觉太好了。"

"彩排时那么紧张你能理解自己吗？"

"我能理解，但是有了这一次，我现在爱上朗诵了，我再也不会紧张啦。"

当然了，女儿的决心并不十分管用，站在人前，她还是会紧张，但已经比最开始美好许多。

我理解之前的三次失败的热场，是对她内心的一次次打垮、重建，这个过程非常痛苦，但不可避免。

如果是佛系的家长，也许就被孩子的逃避吓到，再也不敢让孩子上台，或者干脆就说我们不是这块料，我们有别的擅长的。但我还是希望遵从孩子的内心意愿，认清孩子的渴望，她渴望参与，但又恐惧，那就要适时适度给她提供机会，让她找到自我超越的乐趣。家长再呵护孩子的敏感也没用，孩子始终会痛苦，突破了才能快乐。

　　不是每一个孩子都必须口才好、不是每一个孩子都必须站在聚光灯下、不是每一个孩子都必须……有的人喜欢在人群中被聚焦，有的人喜欢做一个坐在路边鼓掌的人，但是，每一个孩子都需要在某个特定的关节上有一个机会，在残酷或痛苦的过程中完成一次自我突破蜕变，那是自心底里长出来的快乐！

　　所谓因材施教，材是什么？我理解，一是天赋，二是内心的渴望。

　　此处，我还要特别感谢女儿语言的启蒙老师——播音指导房明震先生，带着孩子们背古诗，润物无声地引导、鼓励和呵护着一个小小的心灵，助力成长，引导成才。

　　人生是需要体验的，就好比韩寒的微博上的一句感慨，"听过很多道理，依然过不好这一生"。

　　如果只是给孩子讲述各种道理和格言，却没有给她自己

去体验的机会，那么人最后只能还是在迷雾中打转。相反，如果她能够借由这种屡战屡败、屡败屡战的体验去印证价值，那么随着生命的成长，她的经验将越来越丰富，并且对人生的体验以及对价值的掌握，也会越来越深刻而准确。

这是她的成长，也是我的成长。

廷廷和我的首次同台演出

纸船

冰心

我从来不肯妄弃了一张纸，
总是留着——留着，
叠成一只一只很小的船儿，
从舟上抛下在海里。

有的被天风吹卷到舟中的窗里，
有的被海浪打湿，沾在船头上。
我仍是不灰心地每天地叠着，
总希望有一只能流到我要他到的地方去。

母亲，倘若你梦中看见一只很小的白船儿，
不要惊讶他无端入梦。
这是你至爱的女儿含着泪叠的，万水千山，
求他载着她的爱和悲哀归去。

04

社交
当孩子与小伙伴之间发生矛盾，怎么办？

孩子上幼儿园，对孩子是个考验，对父母同样如此。

第一次和孩子"分离"，掩面挥泪的往往是大人。

女儿刚入幼儿园那天，我在门口徘徊了三四个小时……当时觉得自己好傻……原来在脑海中设计的剧本是孩子哭着喊着找妈妈，而我，会潇洒地转身离开，晚上回家再对孩子嘘寒问暖。

现实就是，我可怜兮兮地扒着栏杆，而女儿反倒是不哭不闹去上课了。

然后我在车里等着，在栏杆外徘徊，等孩子下课到操场活动，我又扒着栏杆一直看，用眼睛当箭捕捉孩子的靶心。

呵呵，哪来的职业女性戏码……

女儿放学到家，还没等她倾诉，我真是迫不及待想知道这一天他们都做了什么。女儿的幼儿园教室没有摄像头，不提供家长场外看直播的服务。这也太考验家长了。

对于三至四岁的小朋友来说，她能记住某些场景、自己感兴趣的片段、自己的情绪，记住完整的事儿，是相当难的。

"妈妈，今天我和丽莎（女儿的一个同学）吵起来了，因为她要和我借支笔，但我不想借她，她生气了，我就撕了小鸥（廷廷的好朋友）的画，然后我们就都哭起来了……"

我说，那你现在回想起来还伤心吗？

她说，不伤心，后来我们就和好了。

好的。

一周后，她又上美术课，回来跟我说："妈妈，上次上课丽莎跟我借笔，后来我们吵起来，我还撕了小鸥的画，现在想起来，我当时怎么那么浑呢？跟小鸥有什么关系呢？今天我把笔借给她啦。"

一听女儿自己做反省，我瞬间化身为"理智、知性"的妈妈。

"那你觉得当时的自己搞笑吗？"

"搞笑。"

"你感到有点儿后悔了吗？"

"是啊。"

"那你下次再和别人吵架，还伤害无辜吗？"

她语气轻快地跟我说："不能啦！我不能再那么不讲理

了！"

"丽莎和我借笔，我就借她，反正也不会用坏。真的坏了，到时候再说吧。"

balabala……

我后来和小鸥的妈妈聊天，向她转述这件事，她说没听说这档子事，孩子回家根本没说。回想起来，所有的孩子都有自动过滤信息的能力，家长作为倾听者，能够在自己家孩子口中听到的，永远只是整张拼图的几部分而已。这才是正常的，我们小时候不也一样？

我们两个"理智"的家长后来达成一致，小朋友之间的问题还是交给孩子自己去解决。偶尔孩子自己受点气没关系，让别的孩子受点气也没关系，关键是他们之间在自己的小世界里能够达成一致就可以，我们这些大人又摆事实又讲道理的，终是不如他们自己顿悟来得效果更好。

孩子能够在这种处理人与人之间的关系上成长，比什么都重要。

到现在，女儿和小鸥还有丽莎也仍然是好朋友，当然班级里的朋友也越来越多了，孩子的世界在不断摩擦与调和的关系中日益丰满起来，孩子的心智也在这些摩擦与抚慰中逐渐成熟起来。

回过头来扪心自问，在面对孩子处理问题的方式的时候，很多时候是家长自己觉得没面子，我们的直观考虑通常是别的孩子行自己的孩子却不行，为什么呢？和小伙伴闹别扭这么点事，我的孩子为什么会做出这么丢人的行为？是不是家庭教育出了问题？

　　其实，孩子是不可能不犯错就长大的，人的成长过程，就是一个不断试错的过程。

　　意识到这点，就学会了自己与内心的互慰，告诉自己，要淡定。

　　如果自己情绪激动和孩子沟通，你站在了谁的角度？自己还是孩子？

　　如果是站在了自己的角度，那么孩子很可能成为父母怒气的受害者。

　　法国哲学家笛卡尔说："要求理性永不犯错，这是没有必要的。只要我们的良心证明我们从未缺乏意愿与德行，去实践我们判断为最好的事物，这样就足够了。因此，单靠德行就足以使我们这一生感到满足。"

　　如果无法避免犯错，那么知道自己犯错后，最重要的是勇于认错及改过，然后凭借良心的自觉，修炼自己的德行。

　　我希望自己的孩子能做得到。

微博语录　2019.4.9

　　妈妈送给布丁姐姐一套衣服，女儿有一点点舍不得，就问妈妈："为什么要送布丁衣服呢？"妈妈说："不为什么，你也有一样的。"女儿说："哎，为什么总是要公平？！"

寻光　之　旅

05

危机
当孩子偷拿了别人的东西，怎么办？

丢东西，或拿了别的小朋友的东西，这是低年级妈妈圈里绕不开的一个话题。

尤其是孩子五六岁或一年级的时候。

有一段时间，班里的小朋友回家常抱怨铅笔、橡皮之类的小东西找不到了，可能被某某某拿走了，反正都是孩子的推测。丢东西，就更是常事了，小铅笔、小橡皮、卷笔刀，都是小玩意儿。

因为是在这个半懂不懂的特殊年龄，我也就更加关注这个问题，时常和女儿说，同学的东西，你如果喜欢，一定要告诉爸爸妈妈，爸爸妈妈可以帮你买，实在买不到的，也可以问问同学是在哪里买的，网上都能买得到，不要拿别人的东西。

每个父母都对自己的孩子有所期待，但是在所有的期待当中，最重要的是品质要求，最底线的要求是"不能是个坏人"。

不能偷拿人东西这件事显然是个底线问题，需要做父母的尤其耐心地关注和引导。因为在孩子的世界里，此时还无法明确界定"拿""偷""占有"之间的不同。

一个朋友很苦恼地和我说她在孩子的书包里发现别人的笔和橡皮，问他又不承认，只好命令孩子悄悄地放回教室的"公共角"。可是，从发现那天起，当妈妈的却每天都觉得自己神经兮兮，趁孩子不备翻他书包，看他书包里是不是多了别人的东西，小卡片、小印章、小笔头、小粘贴一个都没放过……风声鹤唳，刀光剑影，疑邻偷斧……每天翻书包时，种种心绪涌上心头。说的时候，这个朋友都要哭了："我们家里也没有这样的人啊！"我安慰她，首先不必把孩子的这个占有行为说成是"偷"，其次得想办法扭转这个行为。

到底是哪里出了问题呢？

1. 孩子的购物欲被强烈压制过吗？

答：没有。他喜欢的东西可以买。

2. 孩子被过度满足，要啥给啥，以至于什么都必须占有吗？

答：大多数时候会尽量满足孩子，有时候也不会。

看起来这没什么问题啊？不行，还得想办法，既不能伤害孩子的自尊心，又得让他明白这件事的重要性。

一天，我偶然看到一个视频，是根据伊索寓言中的《小偷和他的母亲》改编的。我把这个发给了这位朋友，或许可以启发到孩子。

有一个孩子有一天拿了一个写字板回家，他妈妈见了也不问哪来的，反而说拿到了就是你的了。在妈妈心里这是很小的一件事，不必大惊小怪。在孩子的心里，偷并不是特别可耻的事情。因为他并不知道背地里拿人东西就是偷，偷是可耻的。

既然偷并不可耻，那就偷吧。孩子大了，胆子也越来越大，终于成了惯偷，有一天这孩子偷大了，被抓进了牢房，临刑前，狱长问他还有什么愿望吗？孩子说我想见妈妈。

妈妈万万没有想到孩子因为偷东西犯了罪，即将判刑，急急来见自己的心肝。小偷说有话要和妈妈说，结果那小偷一口咬掉了母亲的耳朵，鲜血直流……妈妈惊愕极了！他说："从小你就没边地惯着我，当我第一次偷别人的写字板，你都没有打我骂我；我偷了别人书包你也没有打我骂我。我现在一辈子都要在监狱里度过。如果第一次你就制止了我，我就不会变成一个罪犯，我的人生被你毁了，都怪你！"妈妈的耳朵鲜血直流，却说不出一句话来，因为一切已经晚了。

当天回家后，我也给女儿讲了这个故事。

她第一次听我讲这么惊悚的故事情节，和以往读绘本、讲童话的口吻很不同，她被吓住了。然后得出一个结论，别人的东西，再喜欢的也绝对不能偷偷占为己有。

后来，据朋友说，那个故事对他的孩子很有效。孩子再大一点儿，懂事了，就再也没有发生拿别人东西的事儿。

想来我们都是在童年走过来的，小孩子对美的、新鲜的、有花样的东西很喜欢是件挺正常的事儿，但是要有边界、讲规则。女儿一直很喜欢买笔、本子、文具、玩具之类的东西，只要不太过分，我们也几乎都会满足她。如果实在是很贵重的东西，会和她商量征求她的意见到底值得不值得买，其实和孩子讲清性价比，孩子是最通情达理的。女儿对朋友很大方，有小朋友来家里玩，她都会准备一份小礼物给对方。我们家里更是从来没有将买东西这件事作为考试的奖赏工具。好好考试是她的事，买东西是满足需求，一码归一码。

爱与自由，爱与规则，不曾矛盾过，只是度的问题。

没有规则的生活，对父母和孩子都很危险。

要信任自己的孩子，犯错不是犯罪，不要进行言语上的道德打击。

相信"相信"的力量。

在网上搜索"孩子偷拿别人东西怎么办"这个话题，有很多的内容，我感觉最直观、最有用的还是那篇小文章和小视频。

借助外界的力量，也有比父母更奏效的时候，毕竟太阳下面无新事，总能让父母和孩子在别人的故事里找到自己。

廷廷七岁画

06

目标
该怎么帮助孩子摆脱放羊娃的生活逻辑

    曾看到过一段视频，北京四中校长在给学生致辞时提出了"不要以'放羊娃'的生活逻辑了此一生"。

    放羊娃故事由来已久，主角当然是放羊娃，对立的角色地位与放羊娃相差悬殊。

    网络流传比较多的是一位记者和放羊娃的对话。

    一名记者看见农村的一个正在放羊的小孩，问他：

    "你的理想是什么？"

    小孩回答说："放羊！"

    "羊儿喂大了干什么？"

    "卖钱！"

    "有了卖羊儿的钱干什么？"

    "娶老婆！"

"娶老婆干什么？"

"生小孩！"

"生小孩来干什么？"

"放羊！"

与放羊娃的故事相对应的，还有类似故事的西方版本，但解读可以有两个方向。

富翁在海滨度假，见到一个渔夫正在晒太阳。富翁说，我告诉你如何成为富翁和享受生活的真谛。

渔夫说，洗耳恭听。富翁说，首先，你需要借钱买条船出海打鱼，赚了钱雇几个帮手增加产量，这样才能增加利润。那之后呢？渔夫问。之后你可以买条大船，打更多的鱼，赚更多的钱。再之后呢？再买几条船，搞一个捕捞公司，再投资一家水产品加工厂。然后呢？然后把公司上市，用圈来的钱再去投资房地产，如此一来，你就会和我一样，成为亿万富翁了。成为亿万富翁之后呢？渔夫好像对这一结果没有足够的认识。富翁略加思考说，成为亿万富翁，你就可以像我一样到海滨度假，晒晒太阳，钓钓鱼，享受生活了。

渔夫说，我现在就在晒太阳啊！

一个小故事，有不同的解读角度。

渔夫也好，富翁也好，快乐的根源是，得到了想要的。

"懂我的人，才能让我有好故事可以和你们说。"

我把这个故事讲给孩子，问她如果是你，你想做渔夫还是富翁呢？

她的回答是：当然是富翁。富翁可以随时钓鱼，渔翁却除了钓鱼什么都做不了。

其实，孩子的角度也可以说是积极人生的角度：不要丧失生而为人的精彩。

回头再看富翁的故事，他曾经可能是一个穷小子，毕业之后像于连·索黑尔一样努力奋斗，他比于连幸运的是他成功了，最终成为一个富翁。

那么放羊娃和晒着太阳的渔夫呢，他们的一生也许安稳于一时，也许在和富翁的当下做着一样的事情，但也失去了不少精彩和故事。当然了，这些都是旁观者的操心和自我代入，谁又能真的理解或左右他人的生活呢？换个角度想，我们又何尝不是都市放羊娃呢？

香港名作家倪匡有篇小说叫《规律》，大概意思是讲一位科学家自杀了，他是在收到一份记录他一年内的户外活动录像带后，又有人把昆虫的生活轨迹发给了他，两者竟然是差不多的。

故事里，这位玻璃心的科学家自以为人类是万物之灵，但竟然和昆虫的生活轨迹无差，他崩溃了。

后来作者感叹说，这个故事，好像很悲剧，好像很悲观，但是自然没有逼人绝路的意思。只是有一点不可否认，如果真的将人的活动范围，用线条来表示的话，和昆虫的活动实际上是没有差别的。所以，王朔才会说："你必须只有内心丰富，才能摆脱生活表面的相似。"

朴树有一首歌叫《平凡之路》，歌词这样写道：

我曾经跨过山和大海　也穿过人山人海　我曾经拥有着的一切 转眼都飘散如烟　我曾经失落失望失掉所有方向　直到看见平凡才是唯一的答案

这首歌初出时很多人失望，认为这首歌不是朴树的高水平作品，然而时隔几年，《平凡之路》越唱越受欢迎，很多人都觉得唱出了自己的人生。

朴树到此境界，是因他曾经跨过山和大海，也曾穿过人山人海。他的前半生，写出过全国商业街都在播放的《白桦林》，轰轰烈烈谈过恋爱，得过抑郁症，又重新站起来……

才子的人生，山一重来水一程，跌宕起伏，他的领悟先行一步。

等看客们也经历了"俺曾见，金陵玉树莺声晓，秦淮水榭花开早，谁知道容易冰消！眼看他起朱楼，眼看他宴宾客，眼看他楼塌了……"生活教科书的洗礼，如此这般再听朴树的歌声，每个有所经历的人都会找到自己的故事，这也是《平凡之路》和李宗盛的《山丘》一样被唱遍 KTV 的原因。

城市中的人，每天的活动范围，可能来来去去，都不出十里范围，就算去旅行，也只不过将线条拉得长点而已。但是，人是有思想的，人的思想活动范围，却全无限制，可以上天下地，可以远到几亿光年的外太空。这一点，或许是支持人类生存的根源。

人如果把自己的生活禁锢在一维世界，那么生活只是条向前的直线，如果扩展到二维世界，那么我们还可以左右前进，但人类生活在三维空间，那么我们还能抬头看看星空。

生活在现实中的我们，自然应该跳出放羊娃和渔夫的一维生活，就像在生活中找意义，这才是人类超越性的体现，哪怕最终没有答案。

作为父母，我们到底是什么样的人？

作为父母，我们想做什么样的人？

我们到底会培养出什么样的人？

孩子你想成为一个什么样的人？

这是一个教育哲思的问题。

廷廷五岁时的服装设计作品

廷廷七岁时的服装设计作品

07

沉迷
我的孩子扮公主着迷了

谁还不是个宝宝呢？

谁还不是个公主呢？

每个女孩子都有一个公主梦，问题是，女儿的公主梦时间太久。那一年半时间里把姥姥给愁的，动不动就批评我的放养式教育出了大问题。

三岁开始，女儿摆脱了喜欢小动物的阶段，进入迷恋公主的时期。

当时让我们吃惊的是她能够清楚记得迪士尼家的各位公主，每一位的姓名、妆容衣服配饰、人物关系和传奇故事，她最爱的是《冰雪奇缘》里的艾莎和安娜，其次是《美女与野兽》中的贝儿公主，沉迷公主那会儿，家里的各种周边数不胜数，无数的服装、头饰、王冠、手杖，所有手边的图书和玩具都是公主系。

一次在电梯里遇到邻居，邻居问她："廷廷，你长得像谁啊？像爸爸还是妈妈啊？"

"像公主！"

一次去灵隐寺，她跟着姥姥一起许愿，我就问女儿许了什么愿，她斩钉截铁地跟我说："我许的愿是长大了我一定要变成真正的公主！"

姥姥焦虑地说："这孩子天天都是王子公主，还能行不了？还能关心点别的不？"

我们带着她去书店，想趁机用更广阔的图书世界吸引她，结果，趁着大人们看书的空儿，她又挑选了一批公主题材的图书，丝毫没有厌倦，更夸张的是正处于沉迷阶段的女儿，同一本公主书要中英文各来一本。

有次出国，她还在机场买了一本带音乐的公主书，飞机上十多个小时，她睡觉之前的几个小时都在看那本书，完全没有孩子长途旅行的苦恼，自己沉浸在故事情节当中。

那个时候，我也有些焦虑，她太沉迷了……但有件事的发生，让我下定决心：算了，别为孩子担忧了，也别焦虑，她迟早会自己走出来。

那是在她三岁多的时候，我们全家去泰国旅游，海岛的景色特别美，她突然给了我一个惊喜。

当时我正在抱着她游泳，女儿忽然跟我说："妈妈，这个地方真是太美了。真是花开茂盛鸟鸣叫。"然后她一边玩一边脱口而出:"我们穿过高山,我们越过海洋,我们带着宝石,全都献给女王。"她转过身,高兴又显摆地冲着我说:"妈妈!你就是女王!"

好吧!本宫就当是公主梦给你带来了能量。

我对自己说:在浩瀚书海之中,千万别为孩子担忧,尊重孩子的喜好,开卷有益,不压抑孩子,等孩子的认知到达一定程度,她自然就不再单纯迷恋这些东西了。

要说公主梦给她带来的好处,那就是角色代入与精神支撑,生活中遇到点小烦恼,她会用"爱丽儿公主"的身份鼓励自己坚强,不能认输;如果遇到了她需要有人帮忙的时候,她会设想自己是"白雪公主",因为心地善良,很多人乐意去帮助她。

迷恋公主的这段时光维持了一两年,小女孩慢慢地长大了,和同学们有了更多交流,她对公主故事的热情逐渐消减。后来喜欢起了奥地利漫画《父与子》《fancy nancy》《ivy and bean》《米小圈上学记》《小屁孩日记》《芬达的秘密》,然后是《西游记》《三国演义》《红楼梦》《哈利·波特》,我也有意识地推荐一些当年我们小时候喜欢的童话书给她,比如说郑渊洁系列童话中的《舒克贝塔》《皮皮鲁和鲁西西》,总之她的阅读喜好与公主们渐行渐远了。她的公主书后来打包送给了小妹妹们，我问她不留一本给自己做纪念吗？她说不用啦，我都喜欢过了。

孩子呀，可以做公主梦，但是不能有公主病哦。

微博语录　2015.4.10

　　爸爸妈妈和你去看电影，路过一家火锅店，妈妈说："女儿这个是咱们家楼上吕阿姨的男朋友开的火锅店，改天咱们来吃好吗？"廷廷："好呀，他叫什么名字？"妈妈："叫王子。""他是姓子吗？""不是，他姓王叫王子，这个名字帅不？""妈妈，我如果姓公，叫公主我就高兴。"🤣🤣

小公主

廷廷五岁手作小书《小公主》

08

沟通
当家里迎来第二个孩子

思来想去，我还是想再生一个宝宝，两个孩子能互相做个伴儿。

但如何告诉女儿这件事，她会接受吗？我难免有些担心。

近几年，围绕如何给上小学或者上高中的孩子生一个弟弟妹妹的话题，甚至闹出不少热门新闻。

我还记得自己在早间节目聊过一条新闻，温州的潘女士刚生完二胎没多久，她五年级的大女儿在学校交了篇作文，题目是《我想对你说》，主要是讲述"妈妈自从生了小妹妹以后，我感觉受到了冷落，觉得妈妈不再那么爱我了"的心酸感受。

我后来找到这篇作文，看到里边满是自己被忽略的抱怨：

"妈妈，我想对你说，你爱我吗？自从有了妹妹以后，我感受到你更爱妹妹了。"

"我像一个被全世界抛弃的孩子，为了这一件小事我哭了一整个晚上。"

"以前那个懂得给我打扮的妈妈不见了，爱变着法儿给我烧饭的妈妈不见了。"

"唉，我真是疑惑，妈妈，你还爱我吗？走在放学的路上，站在回家的街角，妈妈看不到我再一次泪流满面……"

这篇作文在被网络转载后，引发了很多家庭共鸣，刚刚放开的二胎政策引发二胎潮，随之引发了不少家庭新问题。

那年女儿五岁，她对即将来到的弟弟或妹妹还没有什么概念。

有一段时间，有的媒体似乎很愿意渲染孩子和手足之间的竞争关系，我很不认同。我有一个妹妹，小时候我觉得她笨，不爱带她玩，但差不多到了十二岁以后吧，我们就特别要好了。直到现在，我和妹妹相亲相爱，彼此都觉得对方是最坚实的依靠。

女儿和小时候的我一样，她从未觉得自己和弟弟会玩到一块去。她的心绪也经过了几个阶段。

（一）期待

从决定怀孕时起，我们经常聊到这个话题。"女儿，妈妈要给你生一个小弟弟或者小妹妹，等你长大了，你们是世界上最亲的人，互相做伴儿"。

刚开始说的那一阶段，她还会反问我，那妈妈我不要 TA 行吗？

我说，你看爸爸和妈妈都有兄弟姐妹，所以我们家庭聚会才热闹啊。以后爸爸妈妈老了，走不动了，你可以和弟弟或者妹妹到世界各地玩，弟弟到时候会长得很高大，还能保护你。如果是妹妹呢，就像妈妈和小姨一样，一起去吃好的，一起逛街。

女儿对这一点深信不疑，她对身边的家庭关系很认可，不管是爸爸的哥哥还是妈妈的妹妹，都非常爱她。

我的肚子一天天鼓起来，女儿很着急，总是攥着问我："妈妈，小宝贝什么时候来啊？怎么还不来啊？ TA 能长什么样啊？"

彩超孕检给她打击够呛，她看了影像后伤心地问我，妈妈，这也太难看了吧？我小时候也长这样吗？

尽管对弟弟或妹妹的相貌不抱期待，但她对 TA 的到来充满期待，五岁的孩子已经学会写字，她就开始给 TA 写字条，写信，画画，忙得不亦乐乎。

（二）忽略 失落

弟弟出生了，女儿还是不可避免地感到了失落。

在小弟弟出生前，我们告诉女儿，每个来到这个世界的孩子，都会给他的哥哥姐姐带来礼物。

女儿特别兴奋，满心期待。知道她喜欢做手工，我们精心准备了她喜欢的手工大礼盒，那是一整盒子的工具，花边纸、剪子、串起来的珠子……她很兴奋地在医院的病床下找到了这个箱子，不过箱子太大，也让她略生了一点怀疑："妈妈，这么大的箱子，弟弟这么小是怎么带过来的啊？怎么装进来的？从哪儿来的啊？"

我说："这个呀，妈妈也不是很清楚，等弟弟长大了会说话了，你自己问问他吧。"对于五岁的孩子，有时候认认真真，有时也可以把答案留给未来，随着慢慢长大，她不屑再追问这个问题的答案了。就像圣诞老人，在每个孩子心中存在的时间不同，但是终究有一天孩子会清楚，礼物都是爱她（他）的人送的。

家里添了新成员，无论多么照顾女儿的感受，顾此失彼的事情难免会发生。从医院带着小宝贝回到家里，阿姨要做月子餐、家人不可避免地要分更多的精力照看小婴儿，女儿失落了。

最初的几个月时间是女儿最失落的，她的生命和生活中多了这个小小的人，似乎一切都再也回不到从前了。她跟我说："妈妈，我后悔了，我想把小弟弟送回去！"

这时候除了照顾小宝贝，更重要的是关注家里较大的孩子的情绪，帮助孩子渡过这个特殊的时期。我的女儿天生敏感，不能让她有被欺骗和被遗忘的感觉。

她跟我袒露心思说："妈妈，小弟弟太麻烦了，也不会说话，不能陪我玩，还总得要爸爸妈妈抱，我不想让妈妈爸爸整天看着小弟弟，你们都不爱我了。"

我打开手机给她看她小时候的照片和视频，还有这几年陆续记录的微博，看那时候大家是怎么围着她、照顾她的。我说："宝贝你看，每个小生命刚来到这个人间时都是脆弱需要人照顾的，那时候你也是这样，爸爸妈妈和家人也在这样对你。"

我指着她闭眼狠狠吃奶的视频说："你看，你小时候和弟弟现在多像啊？"

她又担忧地问："妈妈，那小弟弟要是长大了不通情达理可怎么办？"

我反问："你是不是一个通情达理的小朋友呢？"

她斩钉截铁地回答我："我是！"

我也同样斩钉截铁地回答她："你和弟弟都是爸爸妈妈的孩子，我们也一定好好抚育他，就像对你一样，他将来也一定会通情达理的，像你一样，我保证！你们俩长大了，爸爸妈妈可能就老了，不能到处陪着你了，到时候除了好朋友之外，你们俩就是最亲密的伙伴。"

"就像你和小姨一样！"她抢着说。

　　有弟弟了，于是姐姐也把奶瓶重新喝上了🤣刚才刷朋友圈说到同事家的小姑娘好萌啊，她凑过来看了一眼说："哼，她不萌，我弟弟才萌！"随后又马上说："哼！我才最萌呢！"🤗

"是，没准比我和小姨还要好呢，他是男孩子，你们一起去旅行，他帮你搬行李。"

"哈哈！"

亲爱的孩子啊，今天你会失落，是因为爸爸妈妈给你带来个亲人，你将来不会失落，还是因为爸爸妈妈给你带来个亲人。

他在未来，在没有爸爸妈妈的日子里，会成为你最重要的人之一。

失落的几个月很快就过去了，慢慢地，女儿爱起自己家的小宝宝来。有意思的是，在弟弟两岁之前，女儿很执着地把自己"缩小"到了婴儿时期，她要和弟弟一样用安抚奶嘴，也要被喂饭，所有的东西都换成婴儿式的，喝奶、喝果汁都要用奶瓶……她之前的奶瓶早就扔了……我们为她买了新奶瓶。

她在用和弟弟同样的待遇来宣告自己的存在。阿姨为弟弟按摩抚触时，妈妈也要为她做按摩。她还时常跟我感慨："妈妈呀，当小婴儿太好了！"

（三）转变

转眼，女儿成为一名小学生了。同学、小伙伴也更多了，同学和小伙伴的家里大多数也有兄弟姐妹，他们在一起偶尔会交流有了弟弟妹妹的经验和乐趣。

乐趣主要在于这些小学生们会聚在一起吐槽自己弟弟妹妹的"蠢样"和"讨厌"。

她们的交流经常是这样的：

某同学：我家的小妹妹可讨厌了，我的东西她都想要，吃的也要。但是廷廷，有小妹妹可好玩了。

廷廷：是吗？小妹妹有什么了不起，我还有个小弟弟呢！

某同学：我妹妹可淘气了！

廷廷：我弟弟更淘气……

通过吐槽和抱怨各自的弟弟妹妹，小豆包们找回了自信和尊严，在家庭中的角色感得到了重建。

她有次问我，妈妈我能抱弟弟吗？我可以给他喂奶吗？我单独照顾他可以吗？

我不会像有的妈妈那样因为担心安全而不让孩子动小婴儿，我相信女儿能做好，我说，当然可以，什么都可以做，但要注意安全。

印象最深是弟弟出生一周左右吧，女儿第一次抱弟弟，让她意想不到的是弟弟居然动了！

在从来没有抱过小宝宝的孩子的想象中，小婴儿就应该像娃娃玩偶一样的。弟弟一动，她吓了一大跳，本能就要松手扔掉，嘴里喊着："他怎么还在动啊！"

因为我们就在旁边照看着，谁也没急，我提醒说："注意抱紧哈，不能松手哦，再怎么样都不能扔地上哦，觉得太重抱不住就交给爸爸妈妈。"

后来她慢慢习惯了抱紧弟弟，从抱个几秒开始，到非常愿意给弟弟喂奶。

她对弟弟的感情有变化是从弟弟学会说话开始，从弟弟学会叫姐姐，女儿才真正把他视作可以交流的人，是可以取悦她或者惹她生气的麟麟弟弟。

她会问弟弟：谁是公主啊？你最喜欢谁？

弟弟会咧开嘴大笑着说：姐姐。

或许是孩子的本能，小麟麟发自内心地喜欢姐姐，不管他在玩什么，只要姐姐回来，他都会扔下一切，跑到门口去迎接姐姐回家。

女儿有时候也喜欢把弟弟抱起来转圈，弟弟觉得非常开心，只要被姐姐抱起来转圈儿，就会嘎嘎笑个不停。

有时候我会让女儿给弟弟读一本她小时候读过的书，周围没人时，她会读得格外绘声绘色，这时候她觉得自己相当重要。

读着读着她还会煞有介事地提问，弟弟哪会回答啊，只能在那傻乐，女儿就会像一个大姐姐一样语重心长地批评他：错了啊，姐姐不是告诉过你嘛，怎么又忘了，你真是太笨了！

弟弟就在那儿嘿嘿乐，这是姐姐非常享受的过程。

他们有时候也读唐诗，姐姐读："床前明月光，疑是地上霜"，刚一断句，弟弟就"嗯！"意思是继续呀，和女儿小时候如出一辙。

廷廷已经能从弟弟身上找到乐趣，而不是再视他为夺走父母的爱的那个新来者。他们一起看电视、一起洗澡（浴缸里玩玩具）、一起吃好吃的，他们之间有他们的交流方式、游戏方式，我们也乐见其成。

转眼弟弟已经四岁了，他们之间彼此需要，哪个不在家，另一个都会觉得少了点什么。

（四）接纳与平衡

姐姐的成就感还体现在时不时给弟弟挖坑，用"栽赃陷害弟弟"来体现自己的成熟。

有一天她突然跑过来和我告状："妈妈，弟弟今天太脏了，用手抠了三次马桶，你快教训教训他吧。"

我心里明白着呢，其实都是姐姐怂恿的，就说，看我一会儿收拾他吧。

其实通常是她跟弟弟说，弟弟我要去洗手间了，你来吗？

弟弟就乐呵呵地跟着姐姐去洗手间，然后弟弟掀开马桶盖玩水，她就在旁边看着笑，弟弟觉得好玩，姐姐笑得越欢他玩得越开心。

等爸爸回家，她又跑过去再告一次状。爸爸也一样配合：等我一会儿收拾他。

后来和爸爸聊天我突然想起一个段子：

看电视时，父亲渴了，叫三岁儿子弄杯水来。儿子一会儿吭哧、吭哧地抱着杯水回来了，父亲接过杯子喝了并表扬了儿子。母亲问：他还没水缸高怎能弄到的水？父亲苦思良久痛苦地得出结论：只有马桶！

所以姐姐和弟弟之间的事，我们都是乐见其成，比如说姐姐领着弟弟去玩马桶里的水，明明知道这件事不妥，但是可以接受损失，那就忍住自己的控制欲，装成没看到吧，大不了多给他洗几次手呗。因为孩子每天在成长，这点游戏玩一段时间，孩子就厌倦了，现在弟弟懂事了，你让他去抠马桶里的水他也绝对不会去的。

关于儿童行为，我心里能够承受的"买单"范围比较宽，只有两个大前提：1. 不太危险；2. 不伤害和影响他人。在这大的前提之下，他们很是自由。有一次，我见他们两人扮演孙悟空和牛魔王。姐姐扮演孙悟空，对牛魔王大喊："你这泼妖，哪里逃！"弟弟扮演牛魔王，大喊："你这泼猴，哪里逃！"在床上上蹿下跳满身汗，我看着都觉得开心。童年啊，童年！

前几天我忽然发现不爱画画的弟弟开始拿画笔搞"创作"了，于是发了一条微博（DJ阿宝）：

姐姐小时候，家里的墙1米以下几乎没有空地方，我的态度是只要不去画外面和别人家的墙，家里随便。弟弟不爱画画，以为这次墙能保住了，结果，该来的还是会来，迟或早而已。我们的态度依然是让他知道外面和别人家的墙不能画，家里可以。

　　对孩子真的不爱说教，该懂的事情在潜移默化的成长中都会懂。被真爱过的孩子都深深地懂得爱，被真的尊重过的人都懂得尊重，被真的理解过的人都懂得理解。

　　五岁是个有意思的年龄差，弟弟对"无所不能"的姐姐崇拜得很。女儿是情绪型姐姐，要是弟弟配合，就会和弟弟多玩一会儿，不听话就不带他玩。

　　姐姐去上学时，弟弟最过瘾的事儿就是悄悄跑进姐姐的房间去动动这儿动动那儿，结果这成为两个人之间的游戏方式，她越不想让弟弟碰，弟弟越想进去，有时还会碰坏她的东西。

　　女儿有一次抱怨说，弟弟太讨厌，又偷偷动我东西了。

　　爸爸忍不住笑了："你小时候不也总弄坏你小姨的东西吗？你小姨小时候不也是总会弄坏你妈妈的东西吗？女儿啊，这就是报应啊！"

　　她一琢磨，还真是这么回事儿，也笑起来。

　　孩子的心性不稳，在逐渐习惯自己成为一个"通情达理"的姐姐。有时候我也会给她讲别的大姐姐的故事，比如我的两个同事的孩子一个美美一个西西，常常在我们家育儿故事里出现。榜样的力量是无穷的。

在身边，她也有自己喜欢的人，我的好朋友的孩子小派和童童，他们各有优点，廷廷在和他们玩耍的过程中感受到快乐和温暖，感受到了朋友之间的退与让能给他人带来的温度。他们对待比自己小的孩子的态度，也影响着女儿。

一位心理咨询师谈到二胎关系时说：

我一个亲戚生了二胎，很多亲朋好友都去看望。大家给新出生的宝宝买了各种各样的礼物，唯独冷落了也在现场的大孩子。我去的时候，专门给大的孩子带去了一块很好的巧克力，告诉他，"你是最厉害的。在这么多人当中，唯独你升级了，要当哥哥了，以后妹妹都要听你的了"。

她这么做，是培养孩子的自豪感，要他明白，即便爸爸妈妈照顾他的时间可能会变少，但他在精神上，得到了相应的认可。

两个孩子的关系在最初的时候，父母和家人的处事态度真的很重要，大人言谈、细节对大的孩子来说都是敏感源。我的一个朋友，两个宝贝相差六岁，大的是姐姐，小的是妹妹。因为妹妹的到来，姐姐不知哭了多少场，变得非常任性，乱发脾气，一家人也就越来越怪大孩子不懂事，觉得小宝宝尤其可爱了。

她讲了一件事，一天全家一起吃饭，途中睡觉的小宝宝忽然哭起来，结果爸爸、爷爷、奶奶都放下筷子急忙去房间看宝宝，只有妈妈没有动。大女儿说："妈妈，还是你对我好，你陪着我。"结果妈妈说："啊，我是毛衣好像挂在椅子边上了，动不了，你给我看看。"唉！我要是大女儿，这时肯定是对大人失望透了。且不说小宝贝哭了有没有必要一家人都跑过去看，单说结果，这个妈妈如果顺势跟大女儿说几句安抚或舒心的话，孩子的心里应该会舒服不少吧。

转眼女儿十岁了，弟弟五岁了，他们成了彼此最需要的那个人。当然了，也会有矛盾，争着抢着到爸爸妈妈处告状，我们俩可以说是最不合格的审判官。谁来告状，我们就安抚谁，让他（她）痛诉完对方的"罪行"，然后再安抚几句，告状的满足了，跑了。至于他们之间的那点矛盾，一转身就忘了，又一起玩上了。是我们没有原则吗？当然不是。两个孩子之间，有他们自己的相处之道和游戏规则，那是出自于与年龄相匹配的"人"的本真，他们之间的一进一退、一得一失都会化作成长的能量，彼此滋养。

我常想起自己的童年，我和妹妹相差七岁，现在能回忆起来的小时候的事情往往不是那些相亲相爱的时刻，而是：我为妹妹梳头用了一整瓶发胶，头发硬得像个壳包在脑袋上，她还不明就里去爸爸单位玩了半天；半夜怂恿她去客厅的冰柜里拿雪糕被爸妈发现；她偷偷撕了我半柜子书的书皮儿，因为觉得封面好看想折纸飞机，气得我哇哇大哭；她因为好奇趁我不注意用细长的自动铅笔铅捅了我所有彩色圆珠笔的笔芯……

那时候，爸爸妈妈工作太忙了，没有人为我们的这些琐事评理，在大是大非的问题上父母本身不走邪道，家风正、明事理，兄弟姐妹之间的关系交给时间，他们自己都会解决。一个研究儿童教育多年的朋友，总结他的心得就是六个字：闭上嘴、睁开眼。做父母的一定要管好自己，少当裁判员。

我解释的文绉绉一点：爱，与其自由，不必多举，望即可。

姐姐的作品

09

平衡
忙碌的女主播，怎样才能不当全职妈妈？

我有一个医生朋友，孩子小学去国外读书了，她辞了工作去陪读。

她若想继续从事原来的工作，太难了。首先要确定中国医学生所就读的院校是否具备第一轮考试资格，所就读的专业是否在可以参考的范围内，接下来的层层考试非常严格，即使花掉一大笔钱去考试，拿到了职业资格，又会涉及是否能拿到医院的 Offer 和就业签证问题。再考虑到孩子的教育需要大量的时间投入，她需要花大量的精力照顾孩子，于是这个朋友放弃了医学，找了份开车的工作。

还有个朋友，女博士。为了照顾孩子，在家做了全职妈妈。

从我的角度来说，他们真的让人佩服，都做了我曾经想过但是做不到的事情——放弃工作，全心全意照顾和陪伴孩子。

很多人总在说要多抽出时间陪陪孩子，但从相反的角度来看，为人父母又何尝不需要孩子的陪伴呢？

孩子真正全心全意和父母在一起的时间也就那么几年。上小学，孩子就会有自己的小伙伴，更多时间和同龄人交流；到初中和高中，青春期来临，他们更需要空间和伙伴；如果他们住校，我们见面的时间更会少到只有几个周末和少许寒暑假。

从打算生儿育女那天起，我就希望能做好一个妈妈。但是放弃工作全职照顾孩子这事儿仅仅有过几次闪念，后来就坚定信念，自己不做牺牲型的母亲，不能放弃自己的工作和生活。养育孩子是个过程。

毫无疑问，这是一条走起来很辛苦的路。每周上六天直播节目，风雨无阻，早上五点半起床，7点钟到单位，每周一到周五的早上是雷打不动两小时的《阿宝龙哥路路通》，每周六直播《阿宝客厅》。一周六天，循环往复。尤其是每周六的《阿宝客厅》节目需要大量的案头准备工作，也给我带来更漫长的焦虑，很多时候都要凌晨一两点钟睡觉，每个周五的晚上都是我的自虐星期五。

突然想到网络上男人下班在车库里的故事。

知乎上一个高回应的问题是"为什么那么多人开车回家，到楼下了不下车还要在车里坐好久？"

回答的核心不外乎是希望有个自己的空间，静一静。

我也视哄孩子睡觉后的时间是自己难得的空闲时间，可以读书、查资料、写字，可以追剧也可以放空，尽管知道熬夜有害，但孩子都睡了的那段时间，世界终于安静了。

越来越多的职场女性认可：高质量的陪伴重于日常消磨。根据自己的体会，我总结了几点心得：

一是放平心态，放松心态，不要把自己当消防员，时刻洞察火苗扑火救火，其实火苗总是有的，有的可以烧一会儿。

二是让孩子了解你，知道除了你是他们的妈妈（爸爸）之外，你在忙些什么。比如向孩子介绍你的工作，为什么做了这样的工作，有什么是你为之着迷的，同时了解孩子此时在为什么而着迷。

三是培养孩子和自己一两项共同的兴趣爱好，玩儿到一块。比如拼乐高、做手工、拍照、画画、做饭、打球……只要愿意想，一定有。

四是减少不必要的应酬，夫妻俩协调好补位配合的时间。

五是学会适当向孩子寻求帮助。

（一）皮实的身体，柔韧的耐力

本来就觉得时间不够用，有了俩娃后，时间就更不够用了。

和很多妈妈一样，白天上班，晚上接孩子放学后，大部分时间交给姐姐，带她去兴趣班，陪着做作业，尤其是一二年级的时候。但是二宝怎么办呢？总不能只交给老人和阿姨呀？小的时候，我对二宝的平衡补偿就是：一起睡。

　　姐姐小的时候，白天我几乎下了节目就回家陪她，我妈心疼我起得太早，所以就把她带到他们房间睡觉（那时我和爸妈家住同一楼层），差不多一直到四岁。后来，我的工作越来越忙，白天就没有很充分的时间回家了，所以，陪伴弟弟的时间就被我安排到了晚上。麟麟从出生就一直和我们睡在一起。他的小床贴在我的大床旁边，女儿的小床在弟弟的对面，我们四个人在一个房间，双人床是爸爸妈妈的，大一点的单人床是姐姐的，小床是弟弟的。

　　小婴儿夜里会醒来几次，哭闹、换尿片、吃奶。很累，但是想到这样的时光也不会太久，孩子很快就会长大不需要夜里安抚了，我反而很珍惜这夜里的亲子时光。

　　我发现这种睡觉方式非常有利于让孩子皮实，女儿在这种环境里变不成"豌豆公主"。

　　有时候女儿被吵醒，她翻个身，嘟囔几句就又睡着了。

　　一岁半之前弟弟晚上会醒好几次，姐姐的耐受力升级，我也不再像养第一个孩子时那么手忙脚乱、身心焦虑，有时孩子爸爸也能做个好助理帮忙哄一会儿。

最为可贵的是，我们一家在这件事上很有共识，没人因为晚上被吵醒而抱怨或变得特别丧。

设定好状态，暗示自己要去接受这个状态，想清楚本质，养育弱小婴儿的本质不是苦，而是"给予"所带来的某种甜。在人一生的漫长岁月里，这个婴儿时期很快会过去，不可往复，身体上的疲劳自己可以去平衡调整，白天中午再找机会睡一会儿、补补觉，吃点好吃的犒劳自己。一年多的时间很快过去了，半岁大的小麟麟已经戒了夜奶，但还会醒一次需要抱抱，一岁多，就能睡整夜的觉了。过了两岁，麟麟就完全睡整夜的觉了，大人只要偶尔给盖盖被子就可以了。

回忆起那段连连起夜的时光，累归累，但养儿育女的幸福不也在于此吗？夜幕深沉的午夜或初露微光的清晨，看着幼小的孩子，密实的睫毛，泛着点点光亮的小鼻头，随呼吸微微起伏的小身体，你的辛苦瞬间被治愈。

没有完美的生活。

不完美的生活才能让我们在空虚的土地上种出自己的森林。

泰戈尔说："你的负担将变成礼物，你受的苦将照亮你的路。"

（二）做一个坚持自己爱好的妈妈

我喜欢写毛笔字，孩子喜欢写写画画，脏就脏呗，反正你不在乎，孩子更不在乎。

我有时在家里临帖，当时三岁多的女儿就拿着她的笔跟我写着玩。

我写得多，她画得多，一滴墨掉到了纸上，她再一画，弄出一张小画，还得意洋洋跟我说，妈妈，我画了一幅画。开始吧啦吧啦讲自己画的内容：这是一只狗，狗面前有个鸡腿，它要去吃鸡腿啦。

我没丧失自己的兴趣时间，她也没觉得妈妈没陪她，两个人都自得其乐。

三岁时女儿在家转圈跳舞摔了一跤，到医院一检查左小臂骨折，打上了小夹板。她庆幸地说，幸好不是右手，我还能写字。

虽然她的字写得歪歪扭扭，但她说话还蛮立志哈。

除了写字，看演出也常常带着她。

通常我会先征求意见："妈妈要去看演出，你要去吗？"

她会问问是什么演出，然后欣然前往。

女儿很守规则，有时怕她口渴，我想带上儿童水杯她都不让。进场前，她会自己把水交给工作人员寄放，渴了自己出去喝，坐下来就让我把手机马上调静音。

印象最深的是带她去看辽宁芭蕾舞团创排的芭蕾舞剧《八女投江》。这是一个红色题材的舞剧，我以为孩子很难理解，事先询问了她意见，她很想去看。

我和女儿说，这是一个讲述战争的故事，你如果觉得不好看，我们就走。

让我没想到的是，她非常喜欢这个舞剧，情节她竟然看懂了。

看到女主角冷云把孩子交给老乡，自己带领小战士上战场那幕时，廷廷泪流满面。

她哭着问我，妈妈，她为什么要把自己的孩子交给别人啊？

我说，因为她要上战场，不能带着孩子。

她抿着嘴，说，那她太可怜了。

过了很久，有一次我们闲聊喜欢的舞台剧，她说的第一个就是《八女投江》。

她喜欢的还有《斯巴达克》《音乐之声》《花木兰》……我还记得第一次带她去剧场看《音乐之声》，她简直是着迷，后来我们又至少看了三次。

儿子一天天长大，我们的好多活动都有了弟弟的加入，就这样，我喜欢的事情没少做，也没少陪他们，我们经常结伴。去书店看书买书、喝茶、做饭，春节时写一地福字，贴满整个家。最近弟弟又增加了一个新爱好，就是洗澡。东北长大的小孩爱澡堂也正常哈，尤其沈阳这座城市长盛不衰的洗浴文化，澡堂众多，爱洗就尽情洗呗。只是这事儿，我和女儿不太热衷，正好他跟爸爸结伴啦！澡堂好兄弟。

（三）与孩子一起设定一个共同目标

长大中的孩子们越来越喜欢全家人出去玩了。弟弟会拼中国地图和世界地图的拼图以后，孩子们哪里都想去。女儿还迷上了做手账，更是想搜罗到所有图片美景中的"周边"。我跟女儿商量今年的暑假开始，请她给全家做一个"旅行心愿簿"。我会送给她一个大的手账本，对着地图，请把自己和弟弟去过的和想去的地方列在上面。已经去过的地方画个小钩，填上是什么时候去的，再给它评个星级。没有去过的地方留给将来一一填满。

她欣然同意，满怀期待。

"你是如何平衡家庭与事业的？"这是一个很久以来的老话题，还有人因为这个问题发过飙，认为不应该单独问女性这个问题，这是性别歧视，怎么没有人问男人这个。我倒觉得，这一直是一个很好的问题，无论被提问的对象是谁。平心而论，男人也在平衡，有限的时间里兼顾事业与家庭。所以，不是女人要平衡家庭与事业，而是"人"要平衡自己多维度的角色。

话说回来，妈妈就是妈妈，无论是身在职场还是全职在家，都是为家庭付出最多的那个人。

我并不是反对做全职妈妈，反而是非常佩服全职妈妈们，只是暂时我还不想放弃工作全职顾家带娃。

作为母亲，为孩子和自己所做的任何选择都值得尊重。人的一生都在做两件事，选择与平衡。完全的坦诚与发自内心何其容易，只要能在做出选择的时候尽可能接近于真实的内心，选择后让心态尽可能平衡，就已经很可贵。

人生若是一盘好棋，下一步该怎么走？若非绝世高手是很难看透全局的，即使看得透，命运如何安排也往往不得而知。所以，走一步，是一步，相信自己的选择，但求落子无悔。

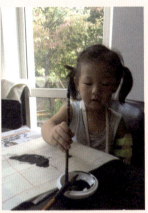

微博语录　2014.8.19

　　转圈跳舞摔伤了胳膊，但不耽误咱舞文弄墨，妈妈练字你也来。图三：妈妈，我画的是我随风飘动的长头发，嗯，妈妈呀，我画的是咱们家狗狗，狗狗要吃大鸡腿。

10

经验
让家长崩溃的作业战争

初写作业的小学生，差不多一个样儿。家长陪写作业引发的故事一年得上好几次热搜。印象深刻的一条新闻，妈妈平时对女儿要求比较高，孩子上了三年级后，每天作业都要到晚上 10 点以后才能结束。当天晚上 10 点孩子的作业不仅没有写完，还在那里磨磨蹭蹭，妈妈心如火烧，大声训斥孩子，当即出现口角歪、手握笔困难等症状。经查，妈妈被确诊为急性脑梗……

新闻下有网友说，每天陪孩子写作业，"那是孙悟空西天取经，明明知道要面对现实，偏偏要大战八百回合，单打变双打，最后还是强迫自己接受现实，乖乖地顺着孩子磨叽！天知道我们小时候写作业没人管的时候自己是怎么混过来的！"

另一位网友说："胃本身就不好，每次辅导孩子作业，一生气就感觉胃在颤抖，看医生时候，和医生说到这种情况。

医生非常赞同，差点和她热烈拥抱，甚至有'同是天涯沦落人，相逢何必曾相识'的感觉。"

（一）神奇的小板凳

一天，朋友发了条朋友圈，把我逗笑了。他说每个家庭都有一个神奇的小板凳，不管是谁，只要坐上去，要不了半小时就会暴跳如雷，血往上涌，恨不得把孩子扒拉一边，自己上手做。配图是他们家女儿的小小学习桌旁边的小板凳。

没有经历过陪写作业历练的爸妈往往不以为然，毕竟小学一年级的课本啊，都是"abcdefg"这样简单的拼音，生字还没超过"人、口、手、上、中、下"的范围，有什么呀？至于吗？

现实是最喜欢用事实说话的。

话搁这，走着瞧吧！

女儿一年级，晚饭后，7点开始，作业进入了"Hard模式"。她可以两三个小时只写几个字，擦了写、写了擦，或者干脆发呆。好了，有人说，孩子的作业是他自己的事情，他自己负责，家长要放手。好的，放手的结果就是，一转身的工夫，她坐书桌前睡着了，一个字也没动。当然有时候也让你看到些许成绩，孩子自己能算完一页口算题卡啦，妈妈恨不得高唱一首《好日子》。

对初为人父母的我们来说，这两三个小时是真折磨啊，100个人里有99个人会觉得很崩溃。

举个例子吧——

女儿的一堂语文课《秋天》，是教材里非常简单的一篇文章。

"秋天来了，天气凉了。一片片黄叶从树上落下来。一群大雁往南飞，一会儿排成个人字，一会儿排成个一字。啊！秋天来了。"

就是这样一篇小作文，后面有几个生字，天、一、人，作业要求每个学生写一行，一行五个字。

我觉得五分钟孩子就能搞定了，好，问题来了。我的妈呀，孩子写的要么顶出格，要么字太小，妈妈一看这哪儿行啊？刚写字，基础要打好啊，趁着没写完赶紧纠正。耐着性子讲解："田字格要注意实线虚线，要留意空出一点。"然后又做示范撇、捺，等她一写，唰的又飞上天了。

女儿开始哭，一边哭一边喊，我写不好。

于是耐心的妈妈继续教，做示范，她开始费力整。等她好不容易弄明白间架结构就是笔画在田字格里的位置，她也同时掉进完美主义陷阱里。于是一个字写好几分钟，一行人字能写一小时，接下来还有"口"呢，还有"手"呢。等写到"手"，眼看 10 点了，强忍着耐心的妈妈终于熬不住，放松要求，差不多得了，她还不乐意了。

"为什么我就和妈妈写的总是不一样呢？我写不好作业了，我永远都写不好作业了！"一边哭一边嘟囔。

这是特别常见的情况，你还不能说谎，骗孩子说，宝贝你写得好极啦，她不相信。我只能说，孩子你写得有进步。

好不容易摆平了语文作业，还有数学作业。

我像个消防员，按下葫芦起了瓢，忙着救火。孩子好不容易在田字格里写会了，又得意起来，开始玩儿，扎个橡皮，画个小树叶。写着写着还和我聊天："妈妈，我们班谁谁可讨厌了……"

你得耐心听完，然后见缝插针地安抚她继续写。

到了数学，她又开始神游，十点开始犯困，眼皮都打架了，赶紧收场吧，否则明天起床就困难啦。

和别的家长交流，确实有的孩子表现特别好，半个小时完成当天作业。我的小心情啊，人家的孩子咋就这么麻利呢？

好吧，调整战术。晓之以理，动之以情，诱之以利。

"宝贝，你如果能早点写完作业，能玩很长时间，出去玩儿、画画、做手工什么都是你自己支配。"

孩子听得向往不已："好的妈妈！"

但是，没用，她一没写好某个字，或者遇到什么挫折，又开始进入"纠结模式"……

以上情形，是很多一年级家长会面临的问题。

这令我一度怀疑自己家庭教育的正当性。我扪心自问，是不是对孩子太宽松了？

我妈曾经说过："你对孩子太宽松，孩子做作业该说就得说严厉点，不能写到晚上不睡觉。"

再对比我小时候呢？家长根本不用管，就等着 100 分。（此处恭喜我妈养了个省心的孩子）

我的孩子是怎么回事呢？

当然啦，也会有无数的"过来人"会安慰你：没关系，慢慢大点儿就好了。他们可能是你的同事、你的同学，孩子大一些的其他家长。此时对他们的话，你将信将疑。而几年后，甚至是一年后，其实你就会慢慢地印证这句安慰，时间会在孩子身上施展魔法，这就是成长。

而当时，我只能抱着一点小信念，忍着，不想给孩子压力，向外去寻求方法。

那时候，看了很多关于儿童教育和儿童心理学的书，其中阿德勒的《儿童人格教育》和李玫瑾的《幽微的人性》都读了两遍。我给自己设定的底线是绝不能打骂孩子、决不能撕孩子的作业本、决不能说侮辱性的语言，比如说孩子"笨蛋""蠢得要命""笨死了"之类的话。决不能！

回头想来，孩子其实没有什么不正常，往往是家长的预设目标没有匹配孩子的实际心智和手脑的发育程度。

我们以为简单又简单的间架结构，孩子确实一时半会儿搞不懂。孩子的手部肌肉大约在9—10岁才发育得差不多完全，把抽象的笔画组合在一起已经很费劲了，妈妈们居然还在追求笔锋、顿笔。

我有几个做心理咨询工作的朋友，他们的建议往往是：你可以放轻松。每年他们要接待很多的小学生家长，比起孩子的问题，他们认为现代家长的问题更严重：心气儿过高，不能接受孩子的不足，习惯性焦虑。

有位老师说，有的家长在陪作业时对孩子要求非常明确，做作业时孩子不能说话、不能上厕所、不能吃东西、不能做小动作。为了保证准确率，每项作业必须要孩子进行自我检查，在书写上，要求端正、干净，用计时作业的办法改掉孩子磨蹭的习惯。

还有家长会制作提醒贴在书桌上，如"仔细读题，认真书写"等等，时刻提醒孩子。

实际上，家长自己都不能做到上述的全部要求，孩子又怎么能做到呢？

曾经听过华东师范大学一位心理学教授陈默老师的讲座，她举个例子说，她每年接待很多个家庭的父母，有的孩子厌学要跳楼，有的家庭分裂，因为写作业家里闹崩……可以说这种坏情绪蔓延到家庭，降低了家庭的稳定性。

她认为，家长陪孩子做作业，万万不能像个大老虎看着小白兔写作业，一只老虎再温柔，也是装的。必须变成小白兔，也就是别说话、少说话，顶多说"你写完了吗？"

做完后再说"我们再看一看、改一改"这样的话，孩子也知道这个事情拖不掉了。

一位老师提醒我说，三年级后的孩子更加敏感，家长尽量不要在身边陪着做作业，在这样的氛围下，会让孩子丧失独立思考能力，有的孩子会认为作业是给大人完成的。身边如果有这样极端的父母，孩子很难专注写作业，这些孩子更多的是观察父母的反应。

我很感谢这些在教育路上结识的良师益友。

大概是半年之后，女儿的作业速度已经提高不少了，当然错误还是有，我基本也不指出来，检查了，知道有几道题错了，大概了解孩子掌握的情况就行了。因为老师批改后有错误的地方，她会比较上心地修改，这样也会加深她的印象。

二年级女儿会主动跟我说，妈妈，你坐在我身边陪着我吧，我自己来写作业，你工作、看书、看手机都行，陪着我就行。

到了三年级，她会跟我说，作业我自己写，完成后再叫你。

廷廷八岁画

现在，她做作业的时候最希望自己一个人，不被打扰。

比起一年级的时候，真是让我喜极而泣啦。

且慢，我掐指一算，嗯，距离弟弟小学一年级就差两年啦……

但是，总有些变化在路上。伴随着教育改革，"双减"政策的不断深入落实，有的学校已经开始实行"小学一二年级不布置家庭书面作业，可在校内适当安排巩固练习"。或许，家里那个神奇的"小板凳"的使用机会会大大减少吧。但是，我还是想把孩子作业的故事讲完，算是对那段成长的记录和分享。

（二）陪写作业时，父母的有为和无为

到了小学二年级的下学期，女儿的作业已经不需要我太操心了，我在她的房间里她会比较开心，我可以处理工作、看书、写字，偶尔回应她有的没的聊天儿。作业时间依据当时的作业量，有的时候快，一个小时就搞定，有的时候慢，尤其某一门课程没有掌握太好，就需要妈妈帮忙，边讲解边做。

总的来说，我的女儿不算是一个效率特别高的孩子，这和孩子的性格有关系。她天生不急不慌，慢性子。作为妈妈，我能欣赏孩子自己收拾房间井井有条，就必须同时接受做作

业慢条斯理。

不知足的我想着，怎么给孩子提一提数学计算速度呢？

给她买个定时器吧，有点急迫感，集中做完数学题就能玩儿一会，还能吃个冰淇淋鼓励一下。我的如意算盘打得虽好，但是效果却太一般。女儿表示拒绝使用计时器，她说她会紧张，然后就是讲条件，橡皮擦改错的时间不能算、检查的时间不能算……反正净是事儿。效率没提高，反而是耽误了时间。

我再去讨教心理学专家，他告诉我，成年人可以给自己压力，某种程度上更容易快速、高效完成工作，设定的时间节点是成年人能够承受的弹性。

但对低年级孩子，这种压力方法就万万使不得。孩子该发呆还是发呆，或是感到过度压力，设定的时间很快过去，这样做完全没有意义。

孩子多次无法完成任务，沮丧的次数多了，反而容易一蹶不振，也丧失了对时间和规则的尊重。

有些事做不到就是做不到，其实很多时候大人也是在用自己的优势领域比对孩子的能力。比如写字，孩子的手部骨骼发展不同步，有的孩子写得慢，写得丑，这个过程必须给孩子留出空间。每个家长都要正视孩子之间的不同，有的孩子写字就是流利，做作业就是快，大人又何尝不是如此呢？

另外，做作业的快与慢，也是基于对知识掌握的熟练程度、计算能力、性格等多维度因素，所谓熟能生巧，在计算问题上尤其体现得明显。掌握得熟了，速度自然就快了。那个买回来一直被嫌弃的计时器到了三年级下学期的时候成了廷廷很喜爱的一个小玩意儿。她经常自己给自己做数学口算题卡计时，我没有过问过。

我回想起自己刚工作时，录音一分钟要一个小时，五分钟就得半天，处处不满意，如今几十分钟的配音都可以一遍过，这不就是人的进步吗？那时候领导因为你慢就骂你一顿，你受得了吗？无论大人孩子，都需要同理心。

有些差距不是你鼓励孩子几句就能做到的事情。批评要谨慎，鼓励更要谨慎。而且经常忽悠孩子能够做到实际却做不到，孩子慢慢也不再相信家长的鼓励了。

女儿的校长和我分享过一件事。她说："你要永远对孩子有信心，我跟你说说我自己的故事。我脑子特别快，学啥像啥，最近半年我开始学国画，才知道我太没有资格说孩子们了，我太笨了。无论是审美、色调，和我一个画班的同学们慢慢上道儿了，我还在稀烂的阶段。所以说每个人都会有自己不行的领域。"

静待花开，好的。

那么你不禁要问，我们就不管孩子的作业了吗？

当然不是。

结合自己的切身体会，我总结了一下：

低年级的孩子做作业时，可以说是孩子全部缺点的曝光展示期。磨磨蹭蹭、注意力不集中、上课没注意听讲、完美主义、多动症……这时候会让家长怀疑人生，怀疑一切，怀疑自己的教育方法，同时又会幻想别人家的孩子做作业又快又好。家长自定目标：少发火。让孙悟空先自己折腾吧，多想想：亲生的、亲生的，七十二般变化任其施展，能写完就行。

大一点了，孩子的心智和骨骼发育稍微好一些了，也更适应学习生活了。当孩子意识到作业这件事无法避免时，父母便可以在孩子的作业中慢慢退出角色，但是仍然要做到随叫随到、有求必应，因为有时候他需要你帮助读题，或者解锁课堂上没有掌握好的知识。家长自定目标：革命一块砖，哪里需要哪里搬。

再大一些，孩子心智、体能发育到较为成熟的阶段了，而且也更加敏感，开始注重隐私，追求独立完成任务的完美过程。父母坐在旁边他反而感到不自在，甚至还会用手遮挡默写的生字之类的内容，更喜欢全部做完后，集中呈现，像是独立完成了一个大课题一般。家长目标：洞察缺陷。不要被孩子潇洒又胜券在握的样子迷惑，要好好地认真地检查作业，了解哪些知识点是孩子没有掌握扎实的，至少心里有数。

至于陪孩子写作业时的"无为"，就是陪伴可以，但是"闭上嘴、睁开眼、少指正"，哪怕孩子做错了也要最后再说，免得打断她的思路和注意力。经常看到有的爸爸或妈妈沉不住气，看到孩子做错一道题，恨不得马上指出来，孩子若还不能改正，顺便就会怒火中烧，引出"这么简单都不会"或"这根本不该错，你就是不用心"等一系列的指责来。

如果在孩子作业中间打断他，他不仅注意力被打断，而且会越来越不自信，整个人的状态会越发紧张。

什么时候需要家长"有为"呢？我的体会是当你发现孩子在完成一项作业，你对他的帮助能够对内容有质的提升，并且对孩子的能力有提升，那么一定要不吝惜意见。

廷廷二年级下学期掌握的书写汉字量差不多到了1000字，老师给他们推荐了一部书叫《有趣的汉字》，让每个小朋友在语文课上各自分享一个汉字。廷廷的任务是讲解"暮"字，她开始认真做功课，从甲骨文到金文再到后来的大篆小篆，行书草书，她都按照书中提示看了一遍。

暮，天快黑时太阳落入草丛，日头越落越低……女儿说："妈妈你能帮我把这个字的每个时期的写法都写到白纸上吗？这样我在同学们面前就能一张一张分享了。"

我说当然行啊，后来和她爸爸商量了一下，觉得最好还是用一卷书法纸，因为廷廷的学校教室很大，同学又多，写得大一些可以让同学们都能看清，效果会更好。

　　音乐课回来的路上，女儿忽然说：妈妈我心里好像压了一块大石头沉甸甸的。妈妈问为什么呢？女儿说：我知道爸爸妈妈很爱我，可是我有时候却还是很自私，想到这个，就有点难受了。🥺 妈妈说：没关系女儿，人都会有些自私的，慢慢地你就知道爱别人了。爸爸妈妈永远爱你。

可是她却觉得书法纸太长，自己会撑不起来，希望能够裁掉一半。

我和爸爸的建议是，长一些更好，哪怕臂展不够，也可以让别的小朋友和老师来帮忙。最主要的是，同学们无论坐得近还是远，都能看得清。

廷廷是个能听进去别人建议的人，她想了想，觉得这个建议也可以。就开始给我布置工作，按照拼音和汉字的演变甲骨文、金文、小篆、楷书等等，把"暮"字大大地写了很多个。

她是周三进行汉字分享，临行前她在家复习了一下。下午她的老师在群里发了一个微信，分享了上午课堂上的照片和视频，也就是廷廷讲解汉字时展示的那卷书法纸。然后这卷书法纸又被钉到了走廊的学习成果展示区。

老师在微信群里说，这是我们开展的学习汉字、分享汉字起源的活动，帮助孩子们更扎实地学习汉字，这个活动也希望同学和家长能够配合完成，廷廷同学做得非常认真、详细，也要谢谢家长的配合。我看了视频，女儿娓娓道来，因为那卷书法纸很长，同学们可以看得很清楚，廷廷指着每种字体逐个介绍，甚至还引用了李白《将进酒》中的"高堂明镜悲白发，朝如青丝暮成雪"，里边的暮也就是要分享的那个字。同学们热情地鼓掌。

女儿放学回家心情就好得不得了。在她的心目当中，完成了一次很棒的作业。

作业并不完全是写字和算术，还有很多整体能力的考量。大多数作业是可以放手给孩子，让孩子充分发挥自己的能动性，但孩子毕竟是孩子，他有自己的局限性，那么父母在这个时候站到他的立场上，能够提供有针对性的建议，孩子会很认可。

作业其实也就是孩子自我成长的过程，偶尔要让孩子在这个过程中体会"享受"。父母的"无为"不是一切放手，"有为"也不是事事代劳，把握尺度，适度放手。

（三）独立完成的一次完美的作业

低年级的孩子，什么时候会完成一次完美的作业呢？一年级上学期的期末，女儿完成了一次这样的作业，在我看来，她为了作业查资料、熬夜、兴奋、失落……这就是她将来长大之后为了某件心爱的事业去奋斗的样子。

那次的作业是读一本书，做一幅海报，海报中要有文字、有画面，能够描述出这本书的核心内容，要把书中的人物故事融入进去。

女儿选择了我俩共读过的一本书，《一年级大个子和二年级小个子》，170 多页。

《一年级大个子和二年级小个子》是古田足日的一部书籍。小男孩正也是一年级的大个子，但胆子很小，爱哭鼻子。小女孩秋代是二年级的小个子，但很坚强、勇敢。他们之间发生了许多好玩的故事。为了去找美丽的紫斑风铃花，正也一个人步行到很远很远的树林，一路上他害怕、犹豫，甚至想哭，但他坚持走下去，终于走进树林，摘到了美丽的紫斑风铃花。秋代带着正也的妈妈四处寻找，几经周折，她们找到了正也。正也和秋代感觉自己一下子长大了许多。

这本《一年级大个子和二年级小个子》于 1970 年 3 月在日本出版，到 2001 年 2 月，它仅在日本就再版 173 次，销量达100 多万册，是日本家喻户晓的经典童书。

我读的时候也觉得挺好，但是孩子的视角就完全不同，女儿读后感觉特别震撼。说明她读出味道来了，170 多页的书读到最后，她恋恋不舍。她说，妈妈，我就要做这本书。

我大概能想到，她应该是自己代入角色，把自己当成了书中那个懦弱的大个子，或者是那个天不怕地不怕的小个子。

我问女儿，你说坚强是什么啊？是不是像书里边特别厉害的那个小女孩，她敢打架啊。

她回答我说，不是的，坚强是勇敢，是不能懦弱，有时候打架也是坚强，但不是所有的打架都是坚强，我觉得坚强还包括不哭。

我一下就体会到，女儿作为爱哭界的孩子代表，深深被书中的秋代感染了。

于是决定，清明假期的作业就做这本书的海报了。

家里正好有八开大的纸，看到这么大的纸，她开始退缩。

"哎呀妈妈，你帮我吧，我不知道从哪里下手。"

这个要求被我拒绝了，我告诉她，这种作业还是自己来最有意义，而且你对书的内容这么了解，哪里画画，哪里写字，你最想把哪个人物画进去，要选哪个场景。

她想了想，开始规划自己的海报。

先是把海报纸上画出四个大方格，作为基础的房屋建筑，接下来用手机百度了书中的关键物品——"紫斑风铃花"，找到图片打印了出来，依此模样画了上去。

最重要的是把大个子正也、小个子秋代想象出来，画上，最后手写故事梗概。

我俩商量，得有一个标准，字的大小要一样，不一定字字完美，但一定要干净整洁。她用格尺、铅笔先打好直线，然后又把故事完整地提炼了一遍写在上面。特别认真，做了大半天，没有一句抱怨。

看到她这样我也心生欢喜，这本书她是真心喜欢，也乐意去做这样的事情。

耶鲁大学的一位校长在一次毕业典礼上用三句话勉励同学。他说到学校来要做三件事，第一件事要来学习；第二件事要充分理解所学的东西，很多人学习的时候囫囵吞枣把知识背下来，但却没有消化，生吞活剥学了也没有用；第三件事就是要去品味知识。借用一下品味的英文叫做 enjoy，joy 是快乐，这和孔子说的"乐在其中"一样，Enjoy 就是能进入快乐的状态，对于知识要学习，要理解，要品味。

与孔子说的"知之者不如好之者，好之者不如乐之者"，是殊途同归。

这本书，断断续续写了五年，整理这部分文字的时候，正赶上人类历史上罕见的全球新冠疫情，女儿已经是三年级的小学生了。学校不开学，整个三年级下学期都在家里上网课，她学会了使用打印机、CS 扫描软件、下载和整理文件夹，每周和每天的作业全部都是她自己下载、打印、完成、扫描、上交、整理分类、归入文件夹。最开始也会乱，尤其在整理的时候会出错，但是慢慢地，都会好。孩子也体会到了"自我负责"的成就感。

还记得那句话吗？

管好自己你能飞。

　　童年、青少年在人的一生中如此重要，甚至可以说，后来的一切几乎都是在那时候形成或被决定的。回溯生命的源头相当于某种史前探险，伴随着发现的快乐与悲哀。如果说远离和回归是一条路的两端，走得越远，往往离童年越近；也正是这最初的动力，把我推向天涯海角。

——北岛《城门开》

Part 2

陪伴孩子，
做成长路上的『better me』

11

我们的卧谈会，
一定要留出的亲子时间

忙碌的日常，我上班，娃上学。真正能和孩子们心平气和交流的时间，是在晚上洗漱完毕后，一起躺在床上亲亲热热的卧谈会。

这几乎是每天晚上的必修课，弟弟睡得早，先陪弟弟"卧谈"，然后再陪女儿"卧谈"，每晚如此，除非出差不在家。

（一）妈妈的卧谈会

最开始并没有这样。第一次当妈妈，过分紧张孩子，照书养娃，专家说母乳喂养好，于是因为母乳不足着急上火。又很热爱工作，晚睡、早起，相当疲劳，反而母乳更少，更着急。妈妈心疼我，就把女儿接到他们的房间去睡觉。哺乳期过后，我又想起了那么多的育儿指南都提倡孩子要亲自养，尤其是晚上，于是女儿又和我们一起睡。不仅是晚上要醒好几次，早上五点半还要爬起来上电台的直播节目，我妈觉得我这样实在是太辛苦了，又让廷廷和姥姥、姥爷一起住了。好在，我们和我爸妈家住隔壁，每天晚上临睡前我都陪她，讲故事、聊天。哪怕是再小的事情，都要嘟囔一会儿，然后互道晚安再睡觉。

四岁，她正式回到我们的房间睡觉啦，我们的卧谈会相处方式有了变化，女儿有了她自己更多的思想，我照书自学了小儿推拿，于是摸摸脚丫、捏脊、揉揉小腿，她觉得很享受。往那一趴跟个大娃娃似的，我们俩亲密触碰的习惯就保留下来了。

边按摩边聊天，再读十五分钟故事，这个晚上很充实。她上小学后，聊天内容越来越丰富，主要是由她主导。

只要我在家，这就是个必须履行的仪式，她看一会儿书会喊我：妈妈，聊会天儿。有时十多分钟，有时上学太累没三两句就睡着。

卧谈会的好处多多，最大的好处是及时了解孩子的世界，走进孩子的内心。"随风潜入夜，润物细无声"，很多时候父母的观念以及对某些事物的看法，用说教的方式强加于孩子，往往会遇到反抗，而放松的交流，反而让孩子更走心。

当然，母女间的甜言蜜语也是生活的好作料，我会说大

　　昨天晚上从姥姥房间哭着跑来找妈妈。我问怎么了？你哭着说："我想要妈妈，可是姥姥不让我来，说妈妈早上上班太辛苦了要让妈妈早点睡觉，可是我就是要妈妈，不要姥姥了。她就知道心疼自己的女儿，却不心疼我。😂😂"妈妈赶紧把你抱在怀里，宝贝，来吧妈妈心疼自己的女儿🥺好可爱。

宝宝，虽然你在长大，但是妈妈舍不得你长大，你看你洗完头发香喷喷的，全身上下妈妈真是喜欢不够啊。

她会跟我说，妈妈，其实我可想减肥了。

她偶尔也会觉得自己特别可爱，但又不希望我用可爱形容她，因为她长大了，要用"美丽"才行。

（二）爸爸的卧谈会

不仅妈妈要开卧谈会，爸爸偶尔也会和女儿谈一谈。

我和先生不打骂孩子，但还是会在孩子犯错之后批评她，如果哪天爸爸批评了她，就会特意和她聊聊。

一年级暑假旅行，女儿在博物馆外有些不开心，非要坐弟弟的儿童推车，那也是她小时候用的小推车，天气特别热，她坐推车我们就要抱着弟弟，同时要推着她和车。从博物馆出来到停车场要走很远的路，大热天我和爸爸轮着抱弟弟，简直就要热晕了。女儿看着爸爸的冷脸说："你们不爱我了，你们对我不好了。"

我理解她，这一切都是由心情或某些失落的情绪引起的。但对爸爸来说，一个小学一年级的孩子该懂事了，"毕竟在我这么大的时候，都会做饭了"。

于是走路时没说什么，但上了车就批评了她。

这样的时候可真不多，平时和颜悦色百求百应的爸爸成了批评她的主力，她特别难受，伤心地哭了起来。

那天晚上的卧谈会就是爸爸出场了。他最在意的不是孩子到底得了多少分数，学了几门特长，他更看重一个孩子是一个懂得共情、人格健全的人。不想看到的是自己的孩子成为一个不懂得体谅他人的人，我觉得他说得有些道理，也建议他晚上放平情绪和孩子再聊聊。

和孩子的矛盾跟夫妻矛盾一样，不让矛盾过夜。

父女俩的卧谈会开始了。

爸爸问，你是不是很伤心啊？

廷廷说是。

爸爸说："爸爸现在冷静下来和你聊一聊。爸爸当时为什么说你，是因为那个情况下你做得不对。咱们都要客观一点看问题，你已经6岁多了，比起小时候你懂事多了，这么热的天气带你们出去玩，是不是也要想想爸爸妈妈的感受啊？"

女儿想了想，点头说："是。"

其实廷廷当时已经知道自己错了，但她的情绪把自己逼到死胡同，而爸爸的爆发也让她后悔，在这样的情况下来次卧谈会，所有矛盾迎刃而解。

很多时候，孩子不是不能接受批评，批评之后更重要的是建议、谈判、和解，孩子渴望在每一次与家长的冲突之后，能得到真正的理解和原谅。

我有时候搂着她，也会想起我的童年。

我是"八〇后"，家教严格。小时候犯错时，妈妈会劈头盖脸地说我，我哭着哭着就睡着了，如今已经忘记事情因何而起，但那种委屈，那种情绪，时至今日还能想到。这里不得不说一句的是，我的父母是非常好的父母，妈妈也是照着《父母必读》杂志养娃的新时代妇女。但是没有任何一对父母是让孩子完全满意，尤其是在海上夜行一般的童年。

轮到自己为人父母，我觉得不管白天情绪怎么样，都希望和孩子在夜晚临睡前能有形式上的正式和解。

爸爸和女儿聊着聊着，廷廷也破涕而笑，俩人你一句我一句哈哈哈乐作一团。

完美！

当然，孩子的情绪就是多变，过一段时间也许再出别的状况。

做父母的，当然也有自己的情绪，重点是有意识地主动去沟通和解。给孩子一个台阶，也给自己一个走进孩子内心的机会。

　　《麻省理工科技评论》曾经发表过美国科学家的一项研究成果：父母和孩子谈话可以影响孩子大脑的生物成长，这非常神奇！

　　麻省理工学院、哈佛大学和宾夕法尼亚大学的研究小组共同组织了这个新项目。在孩子们听故事的同时扫描他们的大脑活动，并且回放孩子与父母在家中互动的录音。科学家发现，孩子与父母交谈的频率越高，他们大脑中语言相关区域的活动就越强。无论家庭收入多少，父母教育程度如何，都证明了这一点。和父母交谈更多的儿童，在长大后的文化课标准化测试中也会取得更好的分数。科学家指出，交谈不仅促进亲子关系，也促进了孩子的社交能力。

　　交谈具有一种强大驱动力，让人类多方面能力同时发展。

12

孩子该夸到什么程度为好？

孩子是当然需要夸奖的。和所有的父母一样，我们也经常夸奖自己的孩子。

当他独立完成功课的时候、当他不怕困难勇于坚持的时候、当他帮助了别人做了自己认为正确的事情的时候、当他幽默可爱的时候……有的时候表扬是用语言，有的时候用眼神，拥抱。每个孩子都懂。

我家里几乎不用物质奖励来表达对孩子的赞赏和鼓励。廷廷知道，想买任何东西都可以直接跟父母说，只要不太过分，都可以买。而且，比起表扬和奖励，其实她更看重的是我们的评价。

对孩子的评价一定要真诚并且中肯。

夸得太过分，无聊且没有意义。

一件事当孩子真正努力过，你给他一个好的回馈，他才会满足。

曾经有段时间家长们兴起一阵风——表扬风。

这些场景你一定不陌生，在早教中心或公园游乐场，看到孩子从滑梯下来，在下面等着的家长大声夸：宝贝你太棒了！孩子捡玩具放回到小筐里，家长赶紧夸：宝宝你太棒了。

一次，女儿的音乐班举办了一个小型的汇报演出，所谓小型就是班里的小朋友演给家长看。一排 10 个小朋友站到教室前面唱歌，十几个家长（有的家庭来两个家长）在下面录像，家长的小动作特别多，有的边录边对孩子猛竖大拇指点赞，有的嘴型是："你最棒！"孩子都在时时刻刻捕捉着家长的动作和眼神。

爱子心切，人人理解。

这代父母们选择了坚信：好孩子是夸出来的。

但是，总夸孩子，夸奖的威力在降低，夸奖就失去了含金量。

我生怕自己也这样，常克制。

不过度夸奖自己的孩子，每次表扬都做到足金足两足够真心。

毕竟夸奖这种东西就像货币，发行量太大就贬值了。

13

当孩子问：
我为什么总听你的？

上学后，小朋友的自我意识开始觉醒，会反问，我为什么要听你的？

我的回答是：不是总要听我的，而是谁有道理听谁的。（哎，没说一样。）

最开始，孩子这样问，我想这也算是一种挑战权威的精神，值得鼓励啊。

但后来几次之后发现，她哪里是反抗权威精神呢？她有一个阶段只是"为了反对而反对"。

和家长们讨论"为什么我要听你的"这个话题会引来很多共鸣，这种论证求索的过程很徒劳，有时家长干脆告诉孩子：你必须听我的！

我后来有次和孩子的校长聊起这件事，她的态度是告诉孩子"在某些特定的问题上，必须听我的"。让孩子知道，你需要在某些问题上尊重权威和规则。当你自己的认知和能力不够强大的时候，学会尊重权威，但是你有保留观点的权利，等你足够强大的时候，你可以质疑和推翻它。

女儿到二年级就不问这个问题了。

她语文书中伽利略的《比萨斜塔实验》这篇课文，很给她启发。

文中的结尾：这个被科学界誉为"比萨斜塔试验"的美谈佳话，用事实证明，轻重不同的物体，从同一高度坠落，加速度一样，它们将同时着地，从而推翻了亚里士多德的错误论断。这就是被伽利略所证明的，现在已为人们所熟知的自由落体定律。"比萨斜塔试验"作为自然科学实例，为实践是检验真理的唯一标准提供了一个生动的例证。

至此，廷廷算是解开了"妈妈为什么总让你听我的"这个小问号。"遇事可以有质疑，但是要学习伽利略，他想要证明权威亚里士多德的错误，就要自己足够强大，然后找到正确的理论和方法去反驳亚里士多德的信众。自己足够强大了，才有质疑的资格和能力"。心平气和地和孩子说这些，她是可以听懂的。

女儿点点头说："对，妈妈，得有知识。"

这个问题，她终于找到答案了。

当然，换个角度看，孩子的自我意识觉醒可能随时都在发生。"质疑"也是他们追求独立思考的一种方式。儿童未必是到了青春期才追求独立，这个过程可能出现在任何时候，二岁、三岁、四岁、五岁……他们的表现可能是爱唱反调、爱说不、爱顶嘴、爱问凭什么，也可能是什么也不想说，关上自己的房门。但是都要恭喜你——你的孩子长大了！

伴随着孩子的提问，家长更值得把同样的问题问给自己："为什么一定要听你的？"这个问题会得到很多答案，"为了孩子好""让孩子少走弯路或远离危险""孩子还太小，缺乏判断能力"……

可实际上，已经有越来越多的人注意到整个世界都在面临的教育难题——父母参与过度的教育。从如何规划人生、从事什么职业，这样的战略，到该选择什么网课，车上的碎片时间听什么音频内容等无微不至的战术层面，鸡娃爹妈一手统揽，孩子对自己生活的控制力一再被挤压、被驯服。完美的履历，优异的成绩，优秀的"绵羊"，长不大的巨婴必然应运而生，随之而来的是抑郁的低龄化和心理疾病的高发。

孩子问：我为什么要听你的？这是个很不简单的问题啊！

为人父母，这道题我们得一解再解。

14

我的孩子
放弃过哪些兴趣班

哈哈，这个话题，应该会引来很多父母的跟帖吧！

先说句题外话哈。

很久以前，一位民警朋友和我聊警方悬赏的成本问题。

他说，很多时候悬赏更划算。打个比方说，如果犯罪嫌疑人已经逃到了省外，那好吧，依据案情的轻重缓急和社会影响，三到五名民警要采取开车或者火车、飞机等可能的方式前往抓捕。

只要人一动身，费用就产生了，住宿、吃饭、交通费的数字哗哗往上涨，到异地还要寻求当地警方的配合，动辄几千几万就没了，而如果悬赏奏效，迅速获取犯罪嫌疑人的信息，实施抓捕，那么花费的是可能比出差抓捕少得多的金钱，更重要的是，本来就紧张的警力资源能够节省下来，更快速地破案——这是金钱之外的时间成本和社会成本。

社会运行中存在相似的成本问题。

孩子的兴趣班也同样可以套用时间成本概念，小学低年级的孩子必须保证 8—9 小时以上的睡眠，去掉作业、上课时间，能够留出来给兴趣班的时间就非常有限，如何充分利用孩子的时间，选择孩子最感兴趣、最能投入的兴趣班，其实挺重要的。但是，没有试过，又怎能知道是不是真的喜欢和适合呢？于是，一连串的试水开始了。

（一）钢琴再好 该放弃也得放弃

廷廷小时候对钢琴也很感兴趣，听到美妙的音乐会翩翩起舞。顺理成章地在四岁多开始了钢琴课程。

瞎弹时非常快乐，享受手指和琴键接触瞬间发出的音阶变动，享受手指掌控下释放的律动——然后，等到正式学习开始，才真正意识到钢琴学习的残酷。

开始很焦灼，手型、抬指、发力方式、识谱唱谱……课后每天的练习显然是最为破坏亲子关系的行为。

最常见的场景是她练一会儿，停一会儿，然后哭一下。

她哭唧唧地跟我说，妈妈，我不会。然后我就得耐着性子哄她继续练习。

我能理解孩子，练琴是个不断感受挫败情绪的过程。她绝大多数哭和闹的行为都是因为自己无法完成一项任务。这时，宽心的话是没有用的，可鼓励又是必须的。

我说，女儿别着急，毕竟谁都不是一开始就什么都会的，慢慢来。其实心里碎碎念的是：你不会就学啊，哭有什么用呢。

这个过程弹琴娃的家长都秒懂。女儿的钢琴学习就在我们都非常痛苦的情况下延续着。

中央音乐学院副院长周海宏曾经提出过一种说法，一个能够以钢琴为职业的人，他从学琴开始，就会显露出异于常人的天赋，弹错音的概率很小。我心中也早有预期，学习钢琴只是为孩子提供一种兴趣的可能性。

但这种兴趣一旦成为痛苦，影响孩子的日常学习和生活，又挤占了其他有兴趣的时间，就值得重新考虑了。在学琴一年半以后，赶上暑假出行，女儿彻底放下了钢琴。摆脱了枯燥的练习作业，她反而会偶尔弹两首喜欢的小曲子，钢琴又不是她要躲着走的庞然大物了，恢复出可爱来。

著名导演北野武曾经说过："只要努力就会有结果，我们不要再对孩子说这种假惺惺的话啦。我们应该从小就教育孩子要认清现实。人不是平等的，你没有那种才能的。这是爹娘应该告诉孩子的现实。不管怎样努力，做不到的事情就是做不到，这是爹娘必须教会孩子的。

"有人可能会说，说这种话会打击孩子的积极性。但是反过来说，如果不打击孩子的积极性，那么一个没什么运动细胞的孩子就能摘得奥林匹克运动会的金牌了吗？

"告诉自己的孩子他没有哪方面的才能，绝不是什么残酷的事。如果你觉得这么说实在受不了，那就应该去帮助孩子获得能够在这个世界上安身立命的某种才能。

"如果你的孩子没有任何才能，那至少你应该培养他有一颗坚韧的心，这样在他今后走上社会时哪怕被现实整得一塌糊涂、遍体鳞伤，他照样还能活下去。"

这就是我们放弃的第一个兴趣班。

与此同时，游泳班，学会了几个泳姿以后，就成了娱乐项目了，从没参加过任何比赛，下水淹不着，喜欢游着玩儿，也挺好。

乐高班，四岁开始，六岁结束。

航空飞行科普兴趣班，六、七岁两年。

街舞，疫情期间想找机会让孩子多动一动，学了半学期一对一的街舞，开学即停。

击剑，六岁半开始，每周1~2堂课，到目前还在保持，很喜欢，能坚持。参加了击剑比赛取得了成绩，更能坚持了。

……

在钢琴课中断了一年多以后，女儿有一天问我："妈妈我可以学习小提琴吗？"有了之前学钢琴的教训，我并没有马上满足她的这个愿望。让她自己再想一想，一旦开始，就一定要坚持，否则就不要开始。

女儿想了两周，还是很想学小提琴，她的理由是一次在妈妈的车里听小提琴演奏的《人鬼情未了》实在是太好听了，而且我真的很想演奏一个乐器。

"好吧，但是这次，妈妈一定不会寸步不离地看着你练琴了，你要靠自己哦。"

"好的妈妈！"

这次，女儿算是说到做到了，虽然起步也难，但是她逐渐找到乐趣后，自己练习的积极性很高，当然还有一个很重要的因素，孩子毕竟长大了，有了更强的自律性。

父母对"掌握一门乐器"似乎有种执念，生怕自己的孩子错过了最好的练童子功的年纪。身为家长，我们家女儿学琴的故事一定是有人赞同有人反对，没有关系。

随着孩子的长大，我也越来越淡定了。

世界上美好的东西，能够给人带来美感和艺术享受的品类太多，不能每一项都用"技能"去占有，每个人的时间是有限的，把孩子的时间都用痛苦占满，对孩子和大人都是一种残酷。感受力、欣赏力对我们普通人来说更重要。演奏家凤毛麟角，若是能做一个懂得欣赏的观众，何尝不是幸福！

（二）画画，到底技法重要还是想象力重要呢?

廷廷上的第一个兴趣班是绘画班，第二个兴趣班是芭蕾舞班，这两项从四岁开始一直到现在。

从小，女儿喜欢画画，她喜欢捏泥，由着性子信马由缰，自由塑造形象，对她来说捏泥是一种玩耍方式。

和钢琴的课程完全不同的是，她在绘画班里非常享受。起初，老师不教具体画法，让孩子自己创作，只是把孩子们的作品挂在墙上，欣赏孩子们最大脑洞、最具想象力且毫无限制的天真创作，女儿在那个很原野的绘画班里待了两三年后结束了在那里的学习。

到了六岁，美术学院的老师建议，孩子应该学习技法了，不能仅仅凭感受，要让她的感受力有抒发的出口，凭借的是技术含量。

换个说法，想象力是在空中飘的，只有学习了扎实的基础，才能更大程度地赢取自由创作的空间。

暑假结束，我们换了一个更适合小学年龄段的美术兴趣班。孩子很喜欢这里，线描、素描、想象力、水彩、国画，学习技法的同时兼顾鼓励孩子自由表达——廷廷自己也能够看到自己成长，进入了一种变化。

尽管做不到乐而忘忧，可孩子感受到自己的乐趣所在，投入了精力，体会到进步，已经很珍贵。现在，画画对她而言是一种放松，周末或假期如果能有一些时间，随心所欲地边听故事边画画，那简直是再美不过的闲适了！

兴趣给孩子带来的快乐，会让她理解学习过程中的很多痛苦的必要性，甚至以苦为乐。一年冬天，我们全家去滑雪，需要早上五点钟起床、在低温下的冷空气中爬很久的山，但为了玩儿她不在意，从未见过如此痛快地早早起床、吃饭，兴冲冲地上山滑雪去了。

养育孩子是不断发现问题又不断发现闪光点的过程，兴趣班呢，就是允许试错，鼓励坚持，但无需强求，毕竟它只是人生的一种丰富啊。

有几年，我在工作上和舞蹈家们合作很多，经常有听众委托我询问孩子到底在什么年龄段学习芭蕾舞最好。辽宁芭蕾舞团团长、舞蹈家曲滋娇女士的意见是，根据孩子的情商智力和身体情况，先熏陶、再启蒙、再训练。三岁的孩子对自己的身体没有了解，连脚踝都一知半解，学起来事倍功半。等到四五岁熏陶也不晚，八至十岁开始专业训练都没问题。现在的孩子营养丰富发育得好，有的可能早一些，像他们这代舞蹈家，很多都是十一二岁才开始专业学习的。女儿的芭蕾兴趣班从五岁开始的，每周一次。作为一种美的爱好，希望这爱好可以伴随她的一生。

1. 兴趣班的选择，要多听多看多试听，作对比找到适合的，接受半途而废。

2. 学会选择，一个孩子不可能什么都学，什么都学得精，依据孩子的兴趣方向和天赋合理安排，降低机会成本。

3. 不要把自己遗憾错过的兴趣爱好强加给孩子。

4. 每个人的天性都是好逸恶劳的，家长必须在适当的时候跳出来做督促工作。

5. 放下将来孩子从事相关职业的执念，兴趣学习就是作为一门钻研精深的兴趣爱好，裨益良多的是学习的过程。

廷廷六岁画

在希腊参观完博物馆随笔小画，
五岁画

廷廷九岁画

看完芭蕾舞剧《花木兰》的随笔，
六岁画

15

孩子，
我为什么让你练习书法？

人生有两张通用名片：一张是语言，一张是文字。

小时候，妈妈经常下班带回家几张零散的钢笔字手稿给我看，是她单位里写字比较好看的同事们写的过期的会议记录或者发言稿之类的。在那个打印机没有普及的时代，很多稿件都是手写的。记得有一次，纸上的小字都是斜斜的，特别清秀美观。长大后接触了书法，回想起来，那个人写字的功底应是魏碑，温雅内敛。写一手好字，确实是一个人的门面。

至于说语言，我就更有体会了，作为一名主持人大方得体的语言表达多么重要啊，所以自然很希望自己的孩子拥有好的表达和沟通的能力。

这两项都是慢功夫，都需要通过耳濡目染达到"开窍"。

我家客厅里有一个书法桌，笔墨纸砚都在上面，我练字的时候女儿经常在旁边玩儿。大约三岁多起，给她一支笔，她喜欢蘸着墨汁在宣纸上乱写乱画。

六岁的寒假，我和朋友们一起为孩子们请了一位书法老师，每天上一堂课。老师是一个很严谨的老爷爷，要求孩子们要背口诀、记笔画，反复练习起运行收的书写基本功，每天写无数个"一"。孩子们一会儿要上个厕所、一会儿喝水，女儿也是，心不静，没个消停的时候。等到老师在运笔阶段表扬个别的孩子的时候，孩子们心里又很羡慕。但更是经常因为自己写的达不到自己的目标而沮丧。

和很多一上来就夸奖孩子让其建立信心的老师不同，这位老师他不认为孩子的字就是书法作品，不管是写春联还是写作品，孩子都应该把基本功练出点模样，才能上手做那些事情。

"我甚至不会让孩子上来学一个字体，他们学字体会很快，尤其是一些形式易上手的字体，比如隶书，但书法学习需要漫长的基本功培养，开始上手快，后来不一定就走得深。基本功没练够，写作品就不够格。"书法老师说。

家长们可以理解老师的观点，但是孩子们却觉得很枯燥。

事情的变化是在春节前，书法老师给孩子们布置了作业：每人写五张"福"字。

孩子们都乐坏了，跃跃欲试。这应该就是对欲望延迟后的一种补偿吧。

哲学家叔本华说过，人生来就是一团欲望。欲望不满足就会痛苦，当欲望得到满足，他就会无聊。

对于欲望如果时常得到满足，无聊时也便提高了快乐和幸福的阈值，下次想同等的快乐与幸福，那么就要付出更大的努力。

欲望管理，也是教育路上的必修课。

在得到了老师的认可后，孩子们回家都很兴奋，女儿也是如此。她开始认认真真地写"福"字，研究间架结构，什么比例才好看。得到老师的表扬后，更是开心，贴在家里的门上、窗户上、厨房里……她兴奋地跟我说："妈妈，我还能多写几个'福'字！"

贴了一屋子的"福"字，整个家里还真是充满了"福"气。还有一件很有意思的事儿，爸爸下班发现女儿贴在门口的福字有一张是错的，田字写成了口字，不由得感慨："女儿啊，你可真是有口福啊！"

寒假过后，她的书法班改为一周一次，有时候，因为其他的事情，也经常"误工"，写字的事情上我们不讲究自律，也从不"打卡"，可以说是没有要求。有的周末会和她一起看画展、书法展或者去熟悉的画家的工作室去看画家们画画、创作。至于她是否动笔，就凭心情了。写字画画就像穿衣打扮，是日常，是习惯，是审美。我不想让孩子始终处在"比较"中。

为什么要比呢？孩子能在水墨间自由些，不觉得写字是任务、是比赛、是考察优秀的指标，而是一种审美和日常，我最想呵护的就是这一点。亲爱的孩子，妈妈愿意用一辈子的时间，慢慢地看着你写出一手好字。你写你的，我写我的。

作为母亲，在所有的教育选项上去除功利心很难，学着有意识地适当放下。给自己撤火，给孩子安心。

练习书法、绘画，如果求胜之心淡一些，这便是一种性格养成。孩子慢慢地感受枯燥、痛苦、乏味、欣然、快乐……当孩子发现获取并不容易，获得的满足感会更加丰盛。这种满足感是持久而源自内在的。有时候我写字她也懒得动笔，她会在一旁画画，偶尔凑过来问问，"妈妈这是谁的字帖啊？挺好看的。"或者，"妈妈这是什么字帖啊？看不懂，也没多好啊。"呵呵，我不反驳，评价随她，毕竟，孩子你会长大。

一位书法家的告诫

2019 年国庆节前，我采访一位中国书法大家，他分享一些自己的书法心得，我当时觉得非常受益。推己及人，或许对你的孩子也会有一些启发。

这位书法家在书法界很有声望，他的书法天真烂漫，拙朴自然，自成一派。他说，书法学习不必迷恋童子功，不管什么年龄开始都可以，但对写字这个事来说，有两点一定要做到：第一是临本好帖，第二是拜个"明"师，把笔画、间架结构研究明白。这个过程中把字拆解、组合，都是在临帖之中能够学习的。

他指的明师不是说有名气，而是指书法中的明白人，不是让你觉得自己很了不得，而是要明白水滴石穿，从量变到质变的道理，引导你在枯燥的练习中实现自我的超越。

在他小的时候，他的父亲要给十里八村的乡亲们写对联，他对书法的认知是赶上过年村里会特别热闹，每个人都喜气洋洋地到家里求父亲写对联。通常父亲会从早写到晚，一直到红纸写没，用边角料写下自家的贴在门上。

这一幕，他印象极为深刻。

后来，他开始喜欢写字、学习写字，结果等到明白之后回头看，才知道那时候自己都在瞎写，只是字写得大而已。

意识到这一点的时候，他结识了很好的书法老师，那时候，他已经参加工作了，从笔画的横、竖练起，每天几小时，一个字一个字磨出来的。如果没有这个过程，那就不能称之为书法家。

他说，真的爱书法这门艺术的人，一定要推开门走进去，不能在门外徘徊，也不能因为练过字就以为自己是门里人。

"书法学习这件事，也是我们看世界和对人生的理解，要沉下心去磨炼自己。希望孩子去学习书法的父母也要擦亮眼睛，要知道合格的学习过程是什么样的，书法没捷径可以走，如果习惯了走捷径，那么将来是更为崎岖的路，这也正是书法可以磨炼心性之处。"

那么什么时候能够形成自己的书法风格，他认为这是一个见仁见智的问题。

他想了想说，临帖再像，也达不到原帖书法家的境界，但是你可以临出风骨、临出感觉，吃透那个书法家的风格，你写的就是他，你就知道一个书法家是如何练成的。等你临个遍，每一样都能写，慢慢你会发现自己写书法有如神助，拿起笔就想写、能写，写完酣畅淋漓，也许窗户纸就被捅破了。

16

孩子，
我为什么带你去博物馆？

我小的时候，生活在一个海滨小城，城里有市民活动中心、有新华书店、有爱国教育纪念馆，但是，没有博物馆。后来长大了，出门读书，有机会去见识、参观各种各样的博物馆，始终觉得自己是匆匆过客。

27岁那年，当我第一次走进卢浮宫，站在蒙娜丽莎画像面前的时候，没有一点惊喜，那幅画那么小小的一张，没有什么特别之处，为什么著名呢？我甚至有些失落，在下一波游客的簇拥下，黯然离开。回头想起，茫茫一片，什么也没记住。

几年后，读黄永玉先生的散文《沿着塞纳河到翡冷翠》，谈到佛罗伦萨美术馆里米开朗基罗的雕塑《大卫》，"艺术的密度太大，一个学习艺术的人在它面前应该发抖、应该战栗，而不是简单地感叹一下：真好"。我不禁哑然失笑，唉，我这个不懂艺术的人。

就这么一个不懂艺术的人，却总被陈年经久的味道吸引着，一次又一次走进美术馆、艺术馆、博物馆，贪婪地吸收着自己能"拿走"的那部分营养。

我为什么要带孩子去博物馆？

其实，就是因为，我自己想去逛博物馆。

女儿小时候，辽博还在沈阳市府广场旁边，因为离家近，那是理想的溜娃地，因为进了博物馆，她知道不能吵闹、安安静静地看，我也就能安静地看自己感兴趣的。

每年的元旦，我们都去沈阳故宫，不请讲解员，她有问题我们就回答，答不上来的地方就查手机，其实孩子去故宫就是玩儿。有一年，元旦前一天晚上下了雪，当天雪后初晴，红墙青瓦映衬着皑皑白雪，阳光很足，墙头和房檐的雪有的融化了，露出点点鲜亮的、泛着光泽的黄色和绿色琉璃瓦墙头剪边，真的是太美了！作为国内仅存的两大宫殿建筑群之一、关外唯一的一座皇家宫殿建筑群，400 年的时空历史在这里定格了，它的唯美、它的粗粝、它的沧桑、它的无尽，都在一砖一瓦一树一阶中，这里不需要一个喋喋不休的妈妈，我只想闭上嘴，做一个带了眼睛和心情的访客。

小学二年级，女儿学校组织游学活动去西安，在秦始皇兵马俑，她特别喜欢听讲解员的讲解。这个兵马俑身上立了多少战功，得到过多少奖赏，看身上打了多少个结就可以了解，结越多，说明这个人越战功累累，是个很不平凡的士兵。

从西安回来没两天，女儿很开心地穿了双凉鞋，露着脚趾，吧嗒吧嗒地走着问我："妈妈你看，我走路的时候也可以把脚趾翘起来，你看我是不是很趾高气扬？"

哈哈哈哈，这也是在兵马俑讲解员那里学来的——"趾高气扬"。讲解员说兵马俑穿的鞋尖是翘起来的，翘得越高，说明这个兵马俑在部队里边的身份越高。这个与《左传·桓公十三年》中的"莫敖必败，举趾高，心不固矣"含义不同。

西安半坡遗址博物馆，展示的是人类早期的居民活动。初以为孩子可能不会喜欢这样的博物馆，加上展区里边一块一块骨头残骸，孩子们会不会害怕啊？

没想到孩子们超级喜欢，他们在看到人骨时并没有把这些和死人联系到一起。

他们观察祭祀场所，参观早期人类的厨房、食物的残留种子。

回家后很长一段时间，看到半月牙状的物体时还时常跟我说，妈妈，你看这像不像我们在半坡看到的那个半圆土炕？

感兴趣的事儿孩子们都能记得住。

我爱逛博物馆，在那种交错的时间与空间中，体会着在地球的整个生命周期里，人类只不过是眨眼的一个瞬间，而自己更是如尘埃般微小。

去博物馆的孩子，肯定有过类似的感觉，就是人生在宇宙之间，那种横向纵向的渺小感。

带着孩子去博物馆，不是为了让孩子学习零碎的知识，随着他们这一代的长大，零碎的知识随处可得，移动端和强大的网络搜索基本上可以在瞬间找到你想要的"知识"，所以目的不在于此。那是我们共同在记忆的缆绳上打下的结，记得也好，忘记也罢，那个时候，我们的"感受"在一起。

一年夏天，我们去洛杉矶的盖蒂中心（The Getty Center）博物馆，正好是个周末，人超级多，排队排了三个小时才进到里边去，当天最热闹的是欧洲宫廷的家具展。

女儿非常喜欢这个展，拿着小画本画来画去。那些精美的雕花、拼接让她很着迷。天气又热，她的小脸汗津津红扑扑的。动不动感慨一句："哇！"十足的没见过世面终于开了眼的小样儿。很久以后了，一次我们去逛家具店，她很自信地说："妈妈，这个法国风格的家具，太豪华了，只适合放在城堡里，以前在那个 Getty Center 看过这个法式的家具就是这样的……我还是喜欢简约一些的。"

我也没想到，路易十三、路易十四就这么跟她碰了照面儿，仿佛看到了一个葡萄变成酒的过程。

前段时间有个小朋友妈妈对孩子画班的老师不满意，她觉得老师讲的东西太少，希望老师能够给孩子们赏析不同的名画，再来讲解各自优劣。

对于这个要求，我持保留意见。我的个人偏见是赏析与分析这事儿可以等等，不急。小学时的孩子该多去美术馆和博物馆，只管去看去玩，每个人都会形成各自不同的鉴赏力和感受力，而不是别人硬要告诉他这个里边到底有什么，你要 get 到什么？它好在哪……这是两件事。

至少是下一个年龄段做的事。

孩子的深刻记忆

女儿自己印象特别深刻的一次博物馆经历，有点像爱丽丝梦游仙境。那时她三岁多，我们去英国的小镇伯顿。

水上伯顿是科茨沃尔德地区一个非常受欢迎又很有名气的小镇。静静流淌着的温德拉什河贯穿着整个村庄，小河很浅，清澈见底，自西向东流淌，最终汇入泰晤士河。矗立在小河两边的是郁郁葱葱的树木，六座历史悠久的低矮石桥将河的两岸连接起来。也正是因为这条小河，水上伯顿被英格兰人民称为科茨沃尔德的"小威尼斯"。

水上伯顿是一个拥有 800 年历史的英国乡村，规模非常小，里边有一个微缩模型村，像极了小人国，这个被称作迷你水上伯顿。

那天下着雨，雨越下越大，我们一人打一把伞，稍显狼狈。

这座迷你小村始建于 20 世纪 30 年代，它是按照水上伯顿的原型缩小了 9 倍建造的一座迷你村庄。通过迷你村，可以认识水上伯顿的每一处细节，包括建筑的结构、河流和花草。

村子并不大，以一个成年人的速度可能 20 分钟左右就逛完了，但女儿在里边特别兴奋，她看到精致可爱的建筑物，自己像个巨人一样，加上当天走进迷你村时蒙蒙的雨，英国建筑特有的阴郁气氛，营造得非常玄幻……

当时三岁的女儿现在仍然能够记得里边的很多细节，怎么进去的、怎么检票、看了什么，甚至爸爸妈妈当天说了什么。她的回忆，带着那天湿答答的水汽。而我，都忘了。

生命是一条河流，有的河道宽，有的河道窄，有的可以容纳各种溪流成为大江大河，有的在村庄蜿蜒最后消失。

组成河道的是你的人生建构，你如何认识自己，看待自己，成就自己；奔流的河水是你吸收的知识碎片和人生记忆——这两者相得益彰。

木心说，生命好在毫无意义，才容得下各自赋予意义。假如生命是有意义的，这个意义却不合我的志趣，那才尴尬狼狈。

每个人都将如此，我希望孩子们的生命中，能够有更多美好的、鲜活生动的回忆。

　　参观博物馆，很快就逛完了，还能再做点什么呢？

　　"妈妈，我劈个叉留作纪念吧！"

　　"哈哈哈哈，好的。"

17

孩子，
我为什么让你诵读古诗词？

你们的孩子在学习古诗词吗？你们作为家长又是出于什么目的让孩子背诵、学习古诗词的呢？女儿和弟弟从会说话开始就在背诵古诗词，一是朗朗上口适合孩子，二是因为我真的很喜欢古诗词，精炼优美的语言，意蕴深长的情感，顺着诗文的藤蔓能寻找历史的根脉。

曾经听一个国学教授在课堂上讲，很多我们习以为常的语言中都蕴含着历史，我们可以沿着历史的河流寻找到我们的根，这也是一个人和一个国家之所以存在的根脉。而古诗词是其中的一部分，很重要的一部分。

他见过有些华人不会中文，也忘记我们很多行事准则的由来，人就很容易陷入虚无，因为他们往前找不到历史，只能在现实中寻找"锚"，但这种寻找又很茫然。

当然了，作为一个语言工作者，诵读经典古诗文时感受那和谐顺畅的语感也是很幸福的一件事。所以，廷廷和弟弟的语言启蒙都是从诗歌开始的，很庆幸的是他们俩都很喜欢。

起初孩子还不太会说话的时候，我读《三字经》给他们听，听不懂但是记得住，孩子们都是天生的韵律和节奏感大师。五六岁开始背诵《声律启蒙》："云对雨，雪对风，晚照对晴空。来鸿对去雁，宿鸟对鸣虫。"说来惭愧，我直到当了妈妈陪伴孩子阅读才第一次接触到《声律启蒙》和《笠翁对韵》，一下就被吸引了，汉语言的声韵格律之美深深地打动了我，也打动了孩子。

诗词和对联是中国古代重要的文学形式，两千多年来一直薪火相传，至今仍具有强大的生命力。在古代，幼童在私塾就开始这种文学修养的训练，对声调、音律、格律等都有严格的要求。因此，一些声律方面的著作也应运而生，而其中清朝康熙年间车万育所作的《声律启蒙》，是其中较有代表性的一种。训练儿童应对、掌握声韵格律的启蒙读物，分为上下卷。按韵分编，包罗天文、地理、花木、鸟兽、人物、器物等的虚实应对。从单字对到双字对、三字对、五字对、七字对到十一字对，声韵协调，朗朗上口。从单字到多字的层层属对，读起来，像唱歌一样。

有时候，女儿一边背一边叨叨咕咕跟我说："妈妈，这太美了！两岸晓烟杨柳绿，一园春雨杏花红。两鬓风霜，途次早行之客；一蓑烟雨，溪边晚钓之翁。"没事她就絮絮叨叨来背一段。再后来她的理解能力越来越强，又背诵起《朱子家训》："黎明即起，洒扫庭街，要内外整洁，既昏便息，关锁门户，必亲自检点。一粥一饭，当思来处不易；半丝半缕，恒念物力维艰。宜未雨而绸缪，毋临渴而掘井。自奉必须俭约，宴客切勿流连。"

女儿背得很顺，也很享受，至于到底背诵了多少章节、理解了多少倒在其次。领悟，是随着年龄逐渐反复发酵的过程，只要她能感受到其中的乐趣和美，对孩子来说就够了。

女儿现在九岁了，随着背诵量的加大和理解能力的增强，她有了自己的偏爱。她也喜欢李白、苏东坡，喜欢《诗经》里面很多朗朗上口的短诗。在卫生间洗漱的时候，我们时常能听到小小的人儿对着镜子自言自语："高堂明镜悲白发，朝如青丝暮成雪……不应有恨何事长向别时圆？人有悲欢离合……"有时内敛，有时夸张，有时拿腔拿调，我偷笑，不出声。

前段时间网上流行一个段子，目睹祖国江山美景本想"吟诗颂天下"，结果最后只能嘟囔出几句粗鄙的口头语或者"大海啊你都是水"之类的笑话诗作。而当暗香浮动疏影横斜时，显然熟读唐诗宋词的人就不会面临这样的窘境。

想起一个可爱的老先生，汪曾祺。他写过一篇散文《泰山片石》，刻薄地描述了这个场面。

因此描写泰山是很困难的。它太大了，写起来没有抓挠。三千年来，写泰山的诗里最好的，我以为是诗经的《鲁颂》："泰山岩岩，鲁邦所詹。""岩岩"究竟是一种什么感觉，很难捉摸，但是登上泰山，似乎可以体会到泰山是有那么一股劲儿。詹即瞻。说是在鲁国，不论在哪里，抬起头来就能看到泰山。这是写实，然而写出了一个大境界。汉武帝登泰山封禅，对泰山简直不知道怎么说才好，只好发出一连串的感叹："高矣！极矣！大矣！特矣！壮矣！赫矣！惑矣！"完全没说出个所以然。这倒也是一种办法。人到了超经验的景色之前，往往找不到合适的语言，就只好狗一样地乱叫。杜甫诗《望岳》，自是绝唱，"岱宗夫何如，齐鲁青未了"，一句话就把泰山概括了。杜甫真是一个深受儒家思想影响的伟大的现实主义者，这一句诗表现了他对祖国山河的无比的忠悃。相比之下，李白的"天门一长啸，万里清风来"，就有点洒狗血。李白写了很多好诗，很有气势，但有时底气不足，便只好洒狗血，装疯。他写泰山的几首诗都让人有底气不足之感。杜甫的诗当然受了《鲁颂》的影响，"齐鲁青未了"，当自"鲁邦所詹"出。张岱说"泰山元气浑厚，绝不以玲珑小巧示人"，这话是说得对的。大概写泰山，只能从宏观处着笔。郦道元写三峡可以取法。柳宗元的《永州八记》刻琢精深，以其法写泰山即不大适用。

　　写风景，是和个人气质有关的。徐志摩写泰山日出，用了那么多华丽鲜明的颜色，真是"浓得化不开"。但我有点怀疑，这是写泰山日出，还是写徐志摩？我想周作人就不会这样写。周作人大概根本不会去写日出。

照汪曾祺的评分，连诗仙李白也不是所有的诗都及格。

所以挑点精华中的精华。

"孤帆远影碧空尽，唯见长江天际流"你能体会到好友送别时的依依不舍。"海上生明月，天涯共此时"讲的是望月怀远，时间和空间感俱出。"此情可待成追忆，只是当时已惘然"是适用场合很多但却最费人猜想的谜题。

而在你说出一句唐诗宋词，与身边的朋友取得情感上的共鸣时，你们达成了小范围的默契，那种情感交流在一句话、一首诗中已经悄然完成。

去掉功利心，读古诗词有什么用呢？希望孩子们活得辽阔、达观、有韵味。

有位哲学家说，人是有理性的动物，所以人能够在感性认识的基础上进行自己理性的分析。但每个人因为对美的认知不同，那么到底什么是美也就无法统一，当去掉功利心地去读古诗词，你可能就对生活中无处不在的美有了新的认识，毕竟能够从生活中提炼出美感的诗人们，写出的诗歌能够流传至今，那必然是经过时间和空间的反复洗练。

古诗词里有关山明月，有二十四桥，有大漠孤烟直，有客舍青青柳色新，有白发三千丈，有秋日寒蝉鸣。

有次我和女儿探讨《将进酒》，她对着镜子一句一句背："君不见，黄河之水天上来，奔流到海不复回。君不见，高堂明镜悲白发，朝如青丝暮成雪。"七八岁的她眼神清澈，感情真挚充沛，我眼眶发热，一个生命被另一个生命由衷地打动。

有时会想，有一天孩子长大了，她和我在同一时间看到同一轮明月，当时明月在，她会想起千里共婵娟吗？会想起童年记忆里和妈妈同背一首诗词的场景吗？

亲爱的孩子啊，我会。

我们读过的书，遇到的人，周遭发生的事情，都会给我们的人生带来潜移默化的影响，最后融入我们的血脉，成为我们的一部分，即使这些知识在脑海中消失，它们的影响力仍然无处不在，改变我们看待事物的眼光。

日本大师级电影导演小津安二郎的墓碑上单单只刻着一个日文汉字"无"，就像他整个电影生涯最后的缓慢淡出。正如他所言：人生与电影一样，都是以余味定输赢的。

18

孩子
阅读会有什么用?

阅读,到底为什么呢?

这是一个答不尽的问题。

之前看到方文山在接受采访时说到读书的好处,他说的角度乍一听功利,但一针见血。

他说:"阅读是生活中容易达到幸福的事情,你可以在较短的时间内感受作者几年或几十年沉淀下来的经历,转化为你自己的养分,再回馈到生活中,成为不可分割的一部分。"

如今的家长都很重视孩子读书这件事。

女儿很爱读书,甚至对阅读表现得很饥渴。从婴儿时期的色卡,到可摸可咬的布书、洗澡时看的防水书。再稍大一点,车里儿童座椅旁边总有几本绘本,她上车了就开始自己看书,《青蛙弗洛格》和《贝贝熊》系列拿起来就不愿放下。

小学前陪伴她的大部分时光,是在亲子阅读中度过的。就像很多家长都有过的体会一样，某一段时间，她会特别痴迷某一本书，曾经让我把《爷爷总是有办法》和《遮月亮的人》连讲 10 遍。老母亲口干舌燥，她津津有味。

两三岁的时候，只要我在家，她就会拿起一本书，往我身上一坐，"嗯"一声，就相当于下了一个指令，让我给她读。然后爸爸 10 遍，我 10 遍，姥姥也要读 10 遍……你读完一遍，她就继续"嗯"一声，示意你再读。回想起来，这样被她格外钟爱过的书大约有几十本，《小黑鱼》《遮月亮的人》《我爸爸》《我妈妈》《大卫不可以》《爱书的孩子》《猜猜我有多爱你》《小红帽》《母鸡罗丝去散步》《神笔马良》《晚安，大猩猩》《牙齿大街的新鲜事》《肚子里的火车站》……

后来她简直是要变成搬书匠，准备开始读书了，会搬来一大摞放在地板上，等着你给她一本本地读。对小孩子喜欢听书的要求，我总是毫不吝啬地满足她，也鼓励家里人这样做。有时候一讲就是 2 个小时，比上直播节目还累。

伴随着阅读，就是自发型背诵，节奏感强的书孩子们都会喜欢。比如《三字经》，是一本特别适合孩子早期朗诵或者背诵，它的节奏韵律好，很容易让孩子听进去，跟着朗读。这本书从"人之初，性本善，性相近，习相远"到最后的"勤有功，戏无益，戒之哉，宜勉力"，孩子们不识字，但是能一口气背很长。

小孩对图形和细节敏感，不认字的小孩子也几乎都能准确找到他熟悉的书里面文字的位置。一岁多的时候，有一次廷廷让姥爷给她读《三字经》，其中有一处"教不严，师之惰"，姥爷读错了，读成了"教不严，师之随"，急得她哇哇大哭，"不是师之随，是师之惰，哇哇哇哇……"哈哈姥爷也被她辅导了一次呢。

　　最有趣的是有一段时间她最爱读日本儿童作家入山智的《小鸡球球》系列，只要一读这本书，她就会戴上自己的蓝色围巾，坐在我身边，在那儿扮演鸡妈妈或者鸭妈妈，特别好玩。

　　到了她再大一些，她开始自主阅读和听故事了。

　　全家旅行，登机前她喜欢逛机场书店，买几本新书（常常是公主系列，是的，四岁的她喜欢公主了）。然后整个旅途，几乎不用管她，她自己就在书本中打发掉时间了。

　　小学开始，我有意识地鼓励她出声朗读。从我的职业角度来看，出声朗读好处多多，一是可以让孩子增强表达能力，二是可以让孩子在朗读的过程中增加记忆，三是在声音中体会文字传达出的美感。

　　有一天，女儿让我给她定一本名字叫做《THE IMPORTANT THING》的书，告诉我，这个是她现在最喜欢的一本，我问为什么呢？她说，因为她喜欢里面的句子——"The most important thing is you are you."我翻开看了一遍，简单又有

哲理。优秀的童书，不仅是给儿童看的，成年人看也同样受益。

中文书、英文书她都喜欢。经常掺着一起看。

中国的语言意象多，欧美的语言准确性高，有了各自的文化才有了各自的语言，反推过来，学习好一门语言会更有利于了解对方的文化。

诗人艾米·洛威尔在阐述翻译时说："如同一座桥连接了两岸，翻译连通了两种语言和文化，但是，只有一座古桥才会真正混同在两岸的风景之中，每个人都注意不到它，两岸的人都觉得它是自家地界的一部分……"

小学一年级以后，老师鼓励他们多读文字多、图片少的章节书。《环游地球八十天》《海底两万里》《Magic Tree House》《Who is》《Where is》系列读本、《草房子》《一年级大个子和二年级小个子》《没头脑和不高兴》《哈利·波特》《绿山墙的安妮》《大侦探福尔摩斯》、故宫系列……更多的时候，她已经不需要我再为她读书了，但是她读的书我也会看，这样我们就可以讨论了，也方便讲给弟弟听。

一天放学路上，她说："妈妈你知道吗？我是第一次知道美国历史上只有一位总统没有住进过白宫，就是乔治·华盛顿，也就是修建白宫的人。我在昨天读的那本书里看到的。"我说："谢谢你啊女儿，我是刚刚才知道的。"有时候，她还会让我给她读，比如《中国人的餐桌》《西游记》，因为有趣的地方她想感受、想想和讨论。当然啦，每次我都欣然同意。

家长就像一个老司机，不断帮着新手调整方向，等孩子没有那么畏惧前方，你自然放手让她自己去尝试。

自主阅读起步以后，她对路边的广告、牌匾、海报全来劲了。出去旅行，用小相机拍这儿拍那儿，见到文字说明就会拍下来。再加上背了很多古诗，她对历史与文化、古代与现代的关联很感兴趣。一家人去北京天坛，以前她是玩玩逛逛，后来就会问，妈妈，天坛是哪个皇帝祭祀用的？为什么选在这里祭祀呢？用什么祭祀呢？为什么要祭祀呢？

相对女儿的阅读兴趣，弟弟的阅读兴趣表现出了截然不同的风格。故事性读本弟弟没兴趣，他喜欢机械、物理、自然博物馆、植物大百科、偏旁部首、单词、拼装这些内容的图书。想姐弟两人共用一个书柜的愿望估计难以实现啊。

阅读并不是为了学习某项知识，阅读带来问题、思考、感受。到了颐和园，她想知道皇家园林、到了北海她想追问九龙壁、到了明孝陵她想知道治隆唐宋碑下面的神兽为何见首不见尾、朱元璋到底做了什么事……可以说世界上留存最多最久的地上遗存就是建筑了，这也是我们可读可触碰的历史坐标，是有生命会呼吸的文化读本。

和朋友聊天的时候时常感慨，想要当好爸爸妈妈不容易，首先你要懂孩子，懂点教育，出门时是个导游。但家长毕竟不是全能的，如果功课没做好，就干脆请讲解员，不要一知半解地糊弄孩子……

现在的孩子阅读我越来越放手，顺着她的河流流到哪儿是哪儿吧，在大方向不出差的前提下，尽力去满足她，不凭着自己的经验非要求孩子读什么是好的，把阅读的自由尽可能给到孩子。"○○后"这一代，看世界的视野比我们宽广太多，我们为人父母尽力帮助他们打好阅读的地基，至于这大楼是什么样子，就看孩子自己的设计了。

有时孩子已经开始问一些我的能力无法解答的问题，比如生命尽头之类的，我们无法回答的问题，他们早晚会拥有答案。

傅佩荣说，人活在世界上，有些问题只是表面的小问题，而有些问题则是属于根本的大问题。生死是最根本的问题，还有一些问题也属于根本问题，比如说人为什么有不一样的命运及不一样的遭遇？为什么有些人做坏事却没有遭受报应？这些都属于根本的问题，而这些问题通常在生活里也都不会有明确的答案，所以需要以开放的心胸准备接触智慧。

智慧除了天赋，也可向先哲求取，读书吧，去除一点蒙昧，多见几点星光。

读到鸭妈妈的绘本，边读边 cosplay 鸭妈妈！

19

做个会自嘲
少抱怨的孩子

女儿小时候敏感、胆小、爱哭，她最明显的变化是从小学一年级下学期开始的。开家长会时，老师告诉我廷廷最近变坚强了。

通过几件小事，我细心观察，感受到她的成长。不仅变得不那么爱哭，还学会了用自嘲的口吻"绘声绘色"描述自己在学校发生的糗事。

我挺为她开心的，当一个人学会自嘲（不是自贬）的时候，证明她的内心已经强大到可以进行自嘲，这时候她的心态是放松的。

新东方创始人俞敏洪曾经说过，勇于自嘲的人，是因为内心强大，是因为有资本，自嘲给他人看。俞敏洪从一个自卑的农村孩子成长到后来百亿公司的创始人，他对这个过程应该感受颇深。

廷廷从对自己对他人苛刻地追求完美到敢于自嘲乐于自嘲，她的状态松弛了许多。

（一）"优雅的"同班同学

二年级的一天，女儿回家说："妈妈我跟你说啊，今天我特别惨。"这一下勾起了我的好奇心，要知道她如果真的过得很惨，那回家是不可能乐出来，而是哭诉的可能性更大。

"今天老师让我们回答问题 3×4 等于多少，快速抢答题，我赶紧举手，老师点我答，我站起来想说 twelve，结果嘴上说出来的是 twenty。这时候呢，老师就对我摇摇头说不对，然后她让别的同学来补充一下。妈妈你别提我多窝火啦！"

这时候呢，廷廷的好朋友娜娜站了起来，用廷廷的描述是"非常优雅地在座位上挺直了身体，然后格外优雅地举起了手"，然后娜娜特别优雅地回答正确了这道题。"妈妈呀，当时这给我气的，我的嘴呀真气人啊，心想的明明就是 twelve ！"

现在我回想起她跟我讲述时的表情，都能想象出她在课堂上像一只小河豚气鼓鼓但又无能为力的样子。如果是从前的女儿，她没准儿就哭了呢，一定会为自己这种行为感到沮丧，然后埋怨自己。

我逗她："你怎么不哭呀？哇哇大哭那种。"

她说："妈妈呀，你说的是我上幼儿园吧。我自己也觉得挺搞笑的，也不是真的生气啦，我觉得这样也没什么不好，你想啊，我可绝对忘不了 twelve 和 twenty 的区别了。尤其是我一想到娜娜优雅的样子，我永远都能记住。"说完，还故意模仿娜娜扬起下巴缓缓站起来的小样子，我俩都笑起来。

这是平常不过的一件小事，但是，教育就是这么个性化，在不同的孩子身上，小事表现出不同分量，所以孩子的世界不能简单粗暴地去衡量问题的大与小。尤其是在当下，学校教育难以精准地关照到个体情绪，家庭教育就更应该细致、具体，留意到孩子的变化，关照到孩子的情绪，捕捉到孩子的成长，以弥补学校教育的粗线条。

（二）装备糟糕的游泳课

学校开始上游泳课了。

孩子们兴奋得不得了，按照老师开出的清单，每个人都回家准备拖鞋、泳镜、泳帽，结果我们俩一起粗心，就让廷廷在课堂上出糗了。

游泳课几天后，女儿跟我说，妈妈呀，下次有游泳课时别给我戴这个泳镜了，买个新的或者再换一个，我现在用的是潜水镜，不防水。

哦?

这个潜水镜的话题让她打开了话匣子。

"妈妈你别提我上次游泳课有多惨了,潜水镜里一直进水,渗水之后我就不敢往深水区游,老师以为我不会,不敢下深水,因为我只能一直在浅水区扑腾。"廷廷解释说,我会游泳,而且还有漂浮板,眼镜太拖后腿啦。

这还不算,她还没有干发帽。游泳课后学校没有电吹风吹干,她洗完澡只能用我给带的一次性酒店浴帽包头,别的女孩都用干发毛巾或干发帽。"结果就我一个人拿个塑料袋扣在脑袋上。"

说到这,她还模仿了小同学"嘲讽"自己的过程:"廷廷啊,你怎么像个老太太?你戴的是什么啊?"她特别认真地跟我说:"妈妈你知道吗?要是以前我肯定被气哭,当时一听给我逗乐了,我心想,确实像个老太太。"

听完这个,我也哈哈笑了起来。

我的孩子终于能够坦然面对自己和妈妈的粗心导致的"出糗",没有抱怨,而是坦然接受。我想象下这个画面,真是太有意思了。

我说:"对不起啊,女儿,下次你可一定要好好检查啊,或者你自己收拾游泳课的装备,我帮你检查吧。"

"好的,我下堂课自己准备啦妈妈,你不用管了。"

以前必须号啕大哭的场面现在越来越少，这就是成长的力量吧。

幽默感对一个孩子是难得的生活练习，通过幽默孩子可以跳出思维的条条框框，以不同的方式看待日常事物，轻松些、粗粝点、坦然点。随着渐渐长大，这也是我们处理自己生活烦恼的一种方法啊。

一位教育家说拥有"自嘲"能力的人在处理日常紧张情绪方面要比他们"较为严肃的同龄人"有明显的优势。

话虽如此，我还是老实麻利地给孩子订了一个专业的装泳衣干湿分离的游泳包，带上防滑拖鞋，和一款新的泳镜。

女儿高兴得不得了，自己把小包收拾得立立整整。

跟我说："妈妈，我以后都要自己收拾东西，衣柜也自己收拾，你不用帮我检查了，我都能搞定了！"

说到做到，当孩子发现她自己比我做得好的时候，就非常自信、自立了。三年级开始，基本上她自己的书、衣服、书包、作业、手工，疫情网课期间下载作业、打印作业、扫描交作业……出门时行李打包等等全部自己搞定了。

孩子，你比妈妈做得好多了！

（三）学校里，人人当过"倒霉蛋儿"

有些事情，有些时候，是由不得自己控制的。

孩子遇到不顺心的事儿，又没法给她一个合理的解释，我就只能用这个杜撰但好用的"倒霉蛋儿共情原理"来安慰她，没想到她很吃这一套，还经常用自己找来的论据不断丰富这个理论。

二年级有一次她在课堂上被老师批评，老师批评她的原因是看到她和小朋友打闹说话，但实际上并不是，她是在制止打闹。

这时她就心里颇不平衡，觉得老师冤枉她。

我想，老师也是人啊，一班那么多学生，也会有判断失误的时候。

还有一次女儿和我说，老师看到排队时她和小朋友玩儿就让她站在最后，结果她最后一个才吃饭。

"我当时挺伤心，但吃上饭就不伤心了。"

这个情况其实在校园里很常见，孩子可以选择和老师去解释，也可以选择自我消化，很明显女儿选择了后者。这时候我就运用了自编的"倒霉蛋儿共情原理"："为什么好几个同学都在玩儿，老师就单单看到你，让你站在最后呢？因为那个时候是倒霉蛋儿光临了，我们都是人，有的时候幸运，有的时候倒霉，这个情况经常发生。你觉得没事儿就没事儿，反正倒霉蛋儿也会走。"

这个听起来没什么逻辑和理由的原理居然很能引起她的共鸣。她立刻开始脑补各种论据。

"妈妈你说得太对了，我跟你讲，我小时候很乖，结果老师看别人淘气也让我罚站；老师说自习课不让说话，结果最爱说话的两个男生坐在我后面，我回头管他们不要说话了，老师以为我和他们俩说话，就批评我。"

哈哈，我也给她讲我小时候被冤枉的类似的"惨"案。女儿问，那你当时怎么做的啊？

"我想，算了也别解释了，下回不说就完了呗。"

"嗯嗯，是，我也这么认为，心里知道就行了。"

其实这也是我的真实想法，有些事情要解释得明明白白，有些事情不必计较得清清楚楚，有时候老师只是要强调规则意识，大课堂，无法做到关照每个人的细小情绪。

"所以啊女儿，你看啊，我也觉得当时很委屈，但一会儿就会过去。我们都有幸运的时候，偶尔也会当倒霉蛋儿，总不会一直那么幸运，也不会总那么倒霉。"

这句话又引起了她的情感共鸣。

"妈妈你知道吗？有次老师提问，这个问题我也会，我就使劲儿举手，但老师还是喊其他人起来回答，还使劲儿表扬她。我心想，太好啦我的答案也是对的。但是语文课的时候，我就很幸运，老师问的我刚好会，心想叫我叫我，老师就叫我回答了。好幸运啊！"

这就是她认可这个理论后，主动填满了论据。

有一段时间看关于儿童教育的书，那个作者很反对和孩子讲道理，要用实践而不是总给孩子说"道理"。我的体会是这要看什么事儿。

和孩子在一起，看孩子的理解程度。有些事情能用所谓的"道理"说得通，那就把自己能说得通的和孩子聊清楚。

有的事情则用道理说不清楚，包括人的命运和运气、完全的公平、规则，和所谓身教，那好吧，不必说，就让孩子慢慢领会这个东西。

我很喜欢的一位国学老师傅佩荣讲解《易经》的时候说，命运捉摸不定，每个人只能做好自己。

"命运指被动的、盲目的、无奈的遭遇。譬如，什么时候出生，出生在什么地方，碰到什么样的社会环境，这些都是命运，也因此让人觉得无奈。使命则是自己的选择，是看清人生之后，有了自己想要达成的目标，这是主动的、积极的、进取的、光明的。一旦确定了自己的使命，就感觉这一生都充满希望。"

关于学校，我们是这么和孩子说的："小朋友作为学生，应该对老师的期待有弹性，不能期待所有人都特别通情达理，都像爸爸妈妈那么温和地对你，所以凡事逢山开路遇水搭桥，遇到什么事儿办什么事儿。遇到严苛的老师，你就按照严苛的标准执行；遇到温和又细致的老师，很幸运，你喜欢这样的老师，就更要好好做自己。"

我们作为成年人在这个社会上也是如此，不可能一把尺子走天涯，衡量所有的人和事。

（四）不抱怨别人，只埋怨自己，怎么破？

廷廷小时候很习惯责怪自己，认为自己做得不够完美，所以常有挫败感。于是她就哭，因为自己。

我会很心疼她的纠结，但是又深深地清楚，纠结这种性格，将伴随她的成长很长时间，直到她自己能体悟到，能控制。

我和孩子爸爸结婚时就约定好，遇到任何事情都不要抱怨，因为抱怨解决不了任何问题。所以我们在家里极少抱怨对方，对孩子同样如此。

女儿也跟我们形成这样一个"无形的约定"，就像上次谈到游泳课我没有帮她带好所有应该带的东西，她第一个想法不是抱怨妈妈的粗心，而是关注于自己的"窘"。

有一次特例。

那天我不在家，姥姥和小姨生气了，然后就一直在唠叨小姨，那时廷廷刚刚五岁。她坐在旁边非常严肃地说：

"姥姥，你不要再说了，因为你就是这个样子的，所以你的女儿才是这个样子的。"

听到这句话，孩子姥姥和小姨都爆笑，然后这场数落也就告一段落。

二年级下学期，有一天放学后她开心地跟我说："妈妈今天你得表扬我。"

我问："为什么表扬你啊？"

她说，我今天踢足球守门，守门的时候一个球飞速朝门踢了过来。

"妈妈你知道吗？那个球就像闪电一样，我躲都来不及，一下就把我打个正着，我当时想的是太疼了，马上就要哭了。但是神奇的事情发生了，这个球本来马上就要进门，因为打在我身上球被折返回去，我一脚传出去给了别人。队友们都对我竖起了大拇指，我的眼泪一下就憋回去了。"

廷廷说，当时听队友们夸她"太棒了"，疼痛也都不那么刺激了。

"妈妈，其实当时我都要哭了，但是我把眼泪憋回去，也给小伙伴们的配合竖起了大拇指。回过头想，当时大家都很高兴，我如果哭了吧就好扫兴，疼是很疼，但忍一下也无所谓，大家能好好踢球都很开心。"

"嗯！你这么想妈妈真替你开心，其实，如果真的疼了，哭了，也不会有人怪你，如果真的受了伤一定要告诉老师。现在还疼吗？"

"早就不疼了。"

"还想哭吗？"

"早就不想了。"

我们平时遇到事情总说静待花开，可有人等的是铁树，有人等的是昙花，在女儿向我求表扬的这件事里，终于看到了她成长的一丝曙光。

孩子哭泣很正常，我也不愿意她成长为"牺牲型人格"，为了其他人委曲求全，用自己的痛苦求得别人的快乐，表面快乐，内心痛苦。

我在这件事里看到了孩子心智的成长，同样一件事她可以哭可以不哭，疼了哭也没关系，但是她面对这件事形成自己的思考，有了做事情内在的逻辑来支撑她的行为。逐渐形成了"自我"，指导自己的行为，管理自己的情绪。

当然，这条路漫长曲折。

我们作为父母关心孩子的学习，关心孩子的成长，但又都不能以结果为唯一导向，而是需要细心观察成长和学习的过程，帮助他们建立相对积极的人生态度。

孩子成长过程中，有的家长一定要孩子说出自己的感受，但真相是限于孩子的表达能力不够，他们说出的未必就完整和真实。这时候，父母对孩子情绪的安抚，给孩子营造成长空间中的"安全感"就显得尤其宝贵。换句话说，就是"亲爱的孩子，爸爸妈妈永远是你的港湾"。

　　童年的回忆很奇怪，有时哪怕一天当中最小的细节都记住了，却漏了大段的时间。坠入遗忘时，暗得走不出，然而，同时也乍现微光。

——加布里埃勒·罗伊《阿尔塔梦之路》

20

引导孩子
慢慢建立"成长型思维"

现在在别人看来，廷廷是一个待人很大方的孩子，但是小时候可不是这样。

她主要的表现是对自己手工制作的东西特别珍惜，什么都不舍得给我们。记得在上幼儿园时，老师布置了作业，给自己的妈妈画一幅画。别的小朋友画完后会送给妈妈，她却不是，她兴冲冲地从学校把画拿回家，给妈妈看一眼。仅仅是看一眼哦。

"妈妈，你看。"然后她就特别宝贝地收到自己的储物柜里，敝帚自珍。

这种例子比比皆是，八岁那年的母亲节，变化来了。

母亲节学校布置的作业是用中英文给自己的妈妈写一封信，写上最想说的话。

凡事像小鸟一样叽叽喳喳藏不住秘密的廷廷制造了母亲节

惊喜。她硬生生绷了两天没有透露写信这件事，直到母亲节当天她从学校回家，把我领进了她的房间。

那天的情形是这样的，到家吃完饭，她神秘兮兮地招呼我说："妈妈，你到我房间来。"还嘱咐我闭上眼睛。

然后把藏了两天的手制小信封郑重地放到我手里。

我已经猜到了她的小秘密，我还是很开心很好奇里面是什么："你准备的这么精细呀，妈妈打开来看看。"

女儿拿起信，给我读了起来。

信的大意是，妈妈，谢谢你在生命中能够陪着我，教育我，也谢谢你给了我一个弟弟，以后也会有人陪着我。她的感谢中包括了弟弟的陪伴，这是我没有想到的。

她在信上做了各种修饰和手工，特别兴奋地讲解："妈妈其实我早就做完了，我一直藏在了柜子里……我希望给你个惊喜……你仔细看看我这个信封，我在上面做的这几个是我多余的纽扣……我做得特别快，同学们后来都模仿我这么做了，你看我设计出来的红心，是立体的，每个心旁边还有小棒，正面看是个信封，侧着看啊，那就是一个'心'的小花园，每颗心都像一棵棵小草那样生长……"

我当时看这封信时，肯定也露出了老母亲一样慈祥的微笑。

我说，女儿你做得真好，太棒了。她问我，那你开心吗？我说，当然开心呀，因为你终于舍得把母亲节的手工送给你的母亲啦，哈哈。

她说："妈妈，其实我小的时候舍不得给你，是我担心以后再也画不出来那么好看的东西，现在我觉得没关系，送给你，还能做出来更好的。妈妈呀，我现在做什么事情都很自信，做得不好的时候，我心里想着，只要我慢慢去努力努力，我也能做得很好。"

多么美好的礼物啊！

就在前几天，学校里有考试，有一门上次考试考得不好的科目，我们定了一个小目标：95分，也没有什么奖励，就算是一个小小的目标吧，达到了就更开心，为此，她当天早晨还做了一次复习。

放学回来，女儿坐在餐桌边，黯然地悠悠地说："妈妈，原本以为我能达到95分，结果呢……唉……答了100分，妈妈你知道吗，我在一瞬间有种要哭的感觉，觉得我也能做到很难很难的事儿了。"

瞧瞧，还会先抑后扬卖关子了。

在养育孩子的十年中，我尽可能不去把自己的孩子与别的孩子去比较，完全不比，是不可能的，是尽可能淡化"与他人比"这件事，引导孩子与过去的自己作对比。我也经常对孩子们说："人生，不是用来比较的，是用来感受和享受的。"

廷廷身上显现出来的"慢""晚"，敏感、哭泣，还有早些年困扰我们几年的吐字发声的问题……非常考验家长的耐力和初心。

同时她让我更加坚信：每个孩子的成长，除了极特殊情况，否则大多数可能是慢慢找齐，随着时间的推进，对生活的体会加深，孩子肯定会用自己内在的节奏，长成自己期许的样子。

教育是持续地爱和坚持。

美国一个致力于教育创新的研究机构在 2019 年年初发布了一个教育趋势报告，通过多种途径采集教育大数据，揭示了如今美国教育工作者最为关注的 20 个教育发展趋势，排在第一名的是成长型思维。

"成长型思维（growth mindset）"概念就是很典型的研究成果，被公认为近几十年里最有影响的心理学研究之一。理论的提出者是斯坦福大学教授卡罗尔·德韦克教授，他发现思维模式对我们想要什么以及能否成功达到目标至关重要。与固定型思维不同的是，成长型思维有助于培养孩子面对困难和挑战的积极态度，还能通过激发更活跃的大脑活动，提高孩子的智商。

通常固定型思维的孩子在面临失败时，能想到的第一反应是"我不行"，相反，成长型思维的孩子能想到的"不是我不行，而是意味着我想要做到，还需要时间和努力"。

廷廷在成长的挫败中慢慢认清了自己。

后来我才意识到，对于很多孩子来说，认识到"我或许也可以"这是很关键的分水岭，当一个孩子习惯失败，并且屈服于失败的状态，认为"反正我也做不好"，那么这种惯性会贯穿他的成长；而一旦某一个火星点燃了他，"原来，我也能做好"，那么就是一个孩子开始变得越来越优秀的征兆——不是他现在有多好，而是他相信通过努力和好的办法，可以变得更好。

那么再进一步思考，在孩子的成长过程中，父母的焦虑如影随形，想让孩子拥有成长型思维，最关键的是父母本身是不是一个成长型思维的践行者。如果父母没有信心，那么孩子是能够直接感受得到的。如果父母慌了，孩子会更慌。父母暴躁，孩子更容易不是懦弱就是暴躁。所以任何情况，父母都应该是孩子最坚定的引领者和支持者。

我是一个普通的妈妈，不是教育家、不是心理学家、不是老师，为了养育好自己的孩子，我看过上百本儿童教育、养育和儿童心理学的书籍，甚至学习了《易经》。虽总结不出来那么多精湛的理论，但我相信遵照符合人性发展的逻辑，一点一点去践行，去验证。再挣扎、再痛苦，也别轻易放弃。随着时间的沉淀，笃定地去相信自己的孩子，你的"相信"会滋养到孩子的心田，成为他的后盾和出发点。

然后，就真的越来越好。你会越发从容。

思维习惯、人格养成，并不是具象在某一件事情或领域里。

站在一生的视角看，每个人都有自己的所长与所不及，幸运与不幸。一个人快乐与否，到最后跟经历没有多大关系，重要的是能够自我滋养，与人为善，心胸宽广，客观思考，积极生活。具体的琐事好的坏的都转瞬即逝，长久的快乐和从容只能来自对生活细节的理解，也就是我们的内心。

有个英国谚语说："成功是得到想要的东西，快乐是接受你得到的东西。"孩子是上天赐予我们的，欣然接受吧，他的一切都来自于父母，来自于浩瀚宇宙和滚烫星河，就这短短的几十年与我们平行。珍惜，珍重！

Part 3

家长学校——
父母的自我修养

21

记一次"打"孩子

　　关于打孩子，学者尹建莉说过，"很多家长是自己想怎么打孩子就怎么打，到了外面却不允许别的小朋友推一把。但如果家长能在家中真正爱孩子，不打骂孩子，让孩子活得幸福，孩子内心阳光而自信，那么他身上会自带尊严的'铠甲'，任何人都不可能欺负到他。受气相是从家中带出来的，保护孩子最好的办法是家长自己不要欺负孩子"。

　　我是这样理解这个问题的，不赞同打孩子，但是在不触犯法律的前提下，各有家规，谁也干预不了别人家庭对孩子教育的方式。

　　每个家庭都有自己自洽、融洽的准则，也许有的爸爸或妈妈发起脾气来会揍孩子，但是家庭亲子关系很好，他们有自己的方法产生化解对冲的方法，一家人也其乐融融。也有家庭从来不打孩子，但是尖酸的冷言冷语时常挂在嘴上，孩子心灵所受的伤害可能更加严重。"打"还是"不打"不是界定家庭教育成功与否的标尺，不触犯法律的前提下，最重要的是任何教育方式的下限，都应该有两个标准：一、结果是好的；二、对孩子的心理不能有太大的负面影响。

有一次我在医院带小朋友看病，旁边是一个姥姥带着外孙子，男孩嚷着吃雪糕，姥姥一个劲儿在旁边数落、厉声骂孩子，孩子终于不想吃雪糕了，但是还是很好动、坐不住，在椅子上往地上滑，老人又是一顿骂孩子，持续了很长时间。

我听着特别刺耳，跟同来的好朋友说，真想上前去制止她。但朋友告诉我，别管，你上去劝阻很容易引发冲突，每个家庭都有自己的运行规则，不是你能插手的事情。我细想想，也是，老人这么大年纪了，或许她身体也不舒服，但是却咬牙挺着帮着儿女带孩子，或许她今天遇到了什么不顺心的事儿或者就是因为孩子病了她很焦虑……别人家的事，旁观者一眼是看不清的。

因为工作的机会，我接触过一些自闭症的孩子和家长，无论贫与富，处境都非常令人同情、共情，这样的家庭真的太难了。从事自闭症心理疏导工作的老师对我说："有的家长对孩子的态度简单粗暴，让外人看不下去，但实际上我太能理解他们了，他们长年付出并看不到尽头，已经承担了别人无法承担的压力，付出了外人无法想象的代价，他们才是最爱孩子的人。"

所以你看，家庭运行的准则，就是具体问题具体分析。不要随意指责任何人，因为你不知道他经历了什么，承受了什么。

我自己肯定是支持不打小孩阵营的。

但是，你如果问廷廷爸爸妈妈有没有打过她，她肯定回答说"有"，那次给她留下的印象太过深刻，那次也是我唯一一次"打"她。

当时女儿一年级，因为一点小事耍赖，横躺在地板上，我去安慰她，她坐起来继续闹别扭，说着说着她突然伸手在我的脸上打了一巴掌，当然我也知道她不是故意要打我的脸。

我把她拉到身边，看着她的眼睛，认真地说："廷廷你打了妈妈，所以妈妈也要打你。"

然后我朝着她的脸，也打了一巴掌。

她一下就哭了，一边哭一边问我："为什么要打我啊，妈妈？"

我看着她的眼睛说："因为是你先打我的，所以我才打你。什么时候都不要随便出手，你打别人，别人就可能会打回去。现在就是个例子，你打妈妈，妈妈也是可以打回去的。但是妈妈不会对你下狠手，如果是别人，就不好说了。"

我接着问她："记住妈妈为什么打你了吗？"

她哭唧唧地回答："因为我先打了妈妈！"

"爸爸妈妈平时打你吗？"

"不。"

"好了，还疼吗？"

"不疼啦！妈妈你呢？"

"其实我也不疼了。"

廷廷那时候上了一年级，孩子知道了不能用武力来解决问题，这一巴掌，起到了很大的作用。

当然没多一会儿，我们又高高兴兴地在一起了。

不要低估孩子的领悟能力，在孩子看来，父母的语言和行为是一个完整的逻辑体系，妈妈没有越过这个体系惩罚她。这个逻辑，她能懂。

这也是我们之间唯一一次"兵戎相见"。

当天晚上的卧谈会我问她是不是白天在学校有什么不顺心的事。

她讲了同学们之间有点小摩擦，但是具体谁谁谁怎么说的已经想不起来了。

我和女儿分享了一个小心得。

"有些不开心的事想不起来也好，每个人都可能有不顺，不只是你，妈妈也一样，经常有不顺利、很沮丧的时候。但是人啊，要学会自己调整情绪，无论什么样的天气出门，记得要带上心里的阳光。有时候幸运女神会光临到你的头上，有时候光临到别人的头上，那么有智慧的孩子呢，会告诉自己，没事，一切都会过去，心情好的时候就享受那个好心情。但倒霉的时候呢，就努力不让不好的情绪控制你，告诉自己没什么大不了的，一会就过去，坏事挺一挺就过去了。"

她搂着我，开心地说："嗯！睡一宿觉，坏心情就都忘啦！"

但愿她会明白，因为情绪带来的"大打出手"或类似的具有破坏性的行为非但不会让坏情绪走远，反而会带来更深的下陷。当然了，这个故事里面的"打"，和很多家长养育孩子过程中的"打"不是同样含义。

该不该打孩子，在当下的主流语境中其实是不值得探讨的问题。受教育程度越高的家长越认可：怎么能打孩子呢？

在多数人看来，打孩子是家长没有智慧的表现，也意味着在教育孩子方面不肯付出更多的精力、时间和耐心。

但是，理论归理论，实际上，我身边的朋友们几乎所有人都说自己打过孩子，包括读了半辈子书的博士、博导们。这是令我很意外的事情，也是家长圈最有讨论价值的话题之一。身边的朋友觉得，我对孩子的耐心超出他们的想象。

俗话说"慈母败儿"，其实我也不是一味地纵容孩子，只是很多时候我会站在一个"独立的人"的角度深深地理解孩子，也总是在孩子的身上照见自己，并相信只要好好谈，孩子一定能懂。

二年级的时候，有一天，女儿放学回家吃饭说没有她爱吃的，吃完饭躺在地板上不写作业，一个小时过去了，她还是躺在地板上腻歪着。

过一会跟我说："妈妈，怎么越长大越难啊，我真想回到幼儿园。"

我说："你之前不是还想着要长大吗？长大就能和弟弟一起去旅行啦。"

她还赖在那儿不起来，我不管她也不催她，忙自己的事儿。

又过了十几分钟，喊我："妈妈，你怎么不过来陪我写作业啊？"

嘿嘿，那好吧，我来了。也不用再多说什么，她自己就静静地写起来了。

虽然写到很晚，但是我们也没有再说什么，孩子也顺顺当当地洗漱、睡觉了。

给孩子一点"down"的时间吧，毕竟我们也有这样什么都不想做的时候。

孩子就是这样一种人，你喜欢的时候她是天使；她让你生气的时候，比恶魔还要恐怖。有时候廷廷能把我气到要晕倒，这时候我就跟孩子爸爸说，老公你打她一顿吧。

他立刻附和说，打，这就打。然后，就没有然后了。

我小时候爸爸妈妈也不打孩子，我妈最常用的管教方式是碎碎念，让叨叨声灌满你的大脑。

和别的家长聊这个话题的时候，多数人说想打孩子的念头经常有，而且等到情绪高涨到某个点，可能就动手了。其实还是情绪在某个点上的崩塌：伤心、愤怒、失望、忧虑、无助、气愤……家长发脾气的共性是生气自己的孩子不像自己小时候那么聪明或懂事，或者气自己的孩子不像别人那样要强。

可现实真的如此吗？现在的孩子比我们小时候眼界宽阔得多也聪明得多，竞争力更强、压力更大，能够学习和接收到的信息也更多，我们这些大人之所以这样感觉，其实就是加了时光的滤镜——事实上我们当年没有那么聪明和懂事，我们现在能够对孩子不耐烦，只不过是我们占了年龄的便宜。

打孩子，到底是为了宣泄自己的情绪还是真的为了教育孩子？

这么想想，心也就平了。

曾国藩反复说过一句话："遇棘手之际，且从'耐烦'二字痛下功夫。"

关键是，如果真的打了孩子，其实父母心里是更难受的，如果打成了习惯，孩子的挨打时心理的恐惧、伤心、害怕和委屈就像钉在木板上的钉子，即使孩子随着成长学会了理解父母的艰辛，与父母和解，拔掉了那些钉子，但是木板上的孔却依然存在，很多年也挥之不去。

我们虽然不打骂孩子，理解孩子，但是对孩子的教育还是很有原则，重要的事情上也非常坚持。用当下教育界的热词来说，算是"温柔而坚定"吧。

有的教育学家提倡，最好的父母无言自威，如何做到呢？让我们各自去摸索自己的教育之路吧。

22

当孩子不愿意
对你透露心声

随着成长，孩子房间的小门渐渐地关上，你进去要敲门。

随着成长，那扇门可能落锁，需要里面的人动手才能开。

随着成长，有些话从倾盆大雨变成了淅淅沥沥的小雨。

随着成长，有些话孩子宁愿跟朋友讲跟陌生人讲也不愿意跟父母讲。

这都是很正常的事，不是孩子跟我们越来越不好了，而是孩子一天天长大了。

我们自己不也是这样吗？

但是面对自己的孩子，有时候父母不甘于这样。我们的担忧从未停止过。

四年级了，学校要举行一个演讲比赛，这一天是彩排的日子。因为疫情防控的需要，家长们不准许进校园，也就是说一切都是要靠孩子和老师们啦。

女儿挺重视这次彩排的，头一天晚上练习到挺晚。第二天放学后我问她，今天彩排顺利吗？能背下来吗？她说挺顺利的，背不下来老师能提醒。就没再多说什么。

当天晚上临睡前，老师发来了一条信息："廷廷妈妈，孩子是不是稿子太长背不下来，您带她再好好练练，我看过她之前念稿子，挺好的，但是今天彩排的时候别的孩子都挺顺利的，只有她一个人什么也没说，上来就下去了。"

哦，原来如此。以我对女儿的了解，这倒是很符合她的行事风格，没有做好十足的准备，自己过不了心理建设这一关。

和老师聊了几句之后，我没有跟女儿提这件事，毕竟要睡觉了，明天再说吧。

第二天放学，我问女儿："宝贝你的演讲稿准备得怎么样了？"她说："妈妈呀，我今天已经在课间练了好多遍了，他们玩的时候我在操场上也在背，应该是差不多啦！"我又问"女儿，那你昨天彩排的时候，是不是特别没有把握，所以，一个字也没说就下台了？像小时候一样？"女儿笑了："是啊，你怎么知道的？哈哈肯定是老师告诉你的。"我说："你昨天没跟妈妈说实话是不是就想着反正自己也能慢慢处理好，不用让妈妈担心啦？""是啊，我觉得自己可以练习好。""是不是告诉了妈妈实话，怕妈妈说你？""也不是，我知道你不会说我，就是觉得你会着急。""但是其实呢？""其实也没什么，妈妈，你听我背一遍吧？""好。"

剥丝抽茧，廷廷的好处是你只要把话题打开，她总是愿意把真实想法说出来的。

后来我对她说："宝贝，遇到问题，还是要多跟妈妈爸爸说，好的坏的，爸爸妈妈都很想听，也不会不问青红皂白就贸然指责你。有时候，爸爸妈妈不知道你在外面发生了什么事情，就不知道该怎么理解你或者帮助你。你说是不是？"

庆幸的是，我们和女儿一直有比较顺利的沟通渠道，这背后是日积月累的家庭相处中建立起来的信任，她知道我们爱她包容她理解她，愿意把自己的大部分世界和我们分享。父母不必追求全部，大部分已经够好啦！

家庭成员间的沟通太重要了。

这两年很多新闻，很多事关孩子的恶性新闻多是孩子不敢或者不愿把自己的遭遇告诉父母，结果导致伤害越来越严重。

我之前在网上看到过一位在日本的百合妈妈写下的十条家训，其中有一条就提到一定要让孩子建立和爸爸妈妈沟通的渠道。推荐一下：

1. 做了给别人添麻烦的事情一定要当场道歉。

2. 公共场合（除了可以放开玩儿的地方以外）说话音量控制在不让第三个人听到。

3. 不愿意告诉爸爸的事情，可以只告诉妈妈；不愿意告诉妈妈的事情，可以只告诉爸爸。但是不能对两者都不说。

4. 不许撒谎骗人，否则你会失去朋友家人最宝贵的信任，让你后悔一生。

5. 如果不能避免打架，不许用工具和牙，也不许戳眼睛，除此以外可以狠狠地打，而妈妈希望你能打赢。

6. 掉在地上的硬币可以捡起来拿回家积攒起来，但是钱包却不能据为己有。

7. 别人真诚款待你吃东西，如果你不喜欢的话可以说"我吃饱了"，但是绝对不能说"很难吃"。

8. 任何食物和东西都是有生命的，绝对不能想吃就吃，想扔就扔。

9. 有必要时遵从集体和权威的意见，但是内心一定要保持自己的想法。

10. 每个人都和他的名字长相一样都是不同的，用不着和别人比较。

但是，当你感觉到危险和有必要的时候，你可以无视对方，大声地喊叫，还可以撒谎，咬人，戳他的眼睛，偷东西，打坏任何贵重的东西，你听说过的任何规矩都不用遵守，因为你的生命比什么都重要。

当然，当孩子沉默不语，不愿意透露自己心事的时候，很可能是因为他担心在父母这里得不到认同和理解，担心被批评，或者单纯就是怕父母为自己担心。这个时候，做父母的一定要给孩子时间、空间，并启动内心里那个叫做"智慧"的按钮，不能不管不顾，打破砂锅问到底，帮助孩子找到问题的根源，尽力去摆脱负面情绪和负面遭遇。

同时，也要保留孩子"拥有小秘密"和有些"不想说"的权利。

谁的内心，还没个"隐秘的角落"呢？

人类不论年轻或者年迈，他们与生俱来的有一种被理解的欲望，并通过创造和语言让别人知道他们的存在。

——山本耀司

母女对话：你喜欢爸爸吗？喜欢。为什么喜欢？因为爸爸给我买礼物。喜欢姥姥吗？喜欢，因为姥姥陪我玩。喜欢姥爷吗？喜欢，因为姥爷崇拜我。喜欢小姨吗？喜欢，因为小姨去哪里都带着我。喜欢妈妈吗？喜欢。为什么？女儿沉默了一会儿，说：理由实在是太多了，我都无法表达啦。😘妈妈的心又被融化了。

23

孩子正确的金钱观
源于父母正确的金钱观

著名经济学家巴曙松在谈及培养孩子的"金钱观"时说："我一直想在孩子再大一点的时候，开始谈谈关于钱之类的问题。因为我觉得我们对于钱的看法，在不同时代的大氛围下，经历的变化真的是大起大落，直到自己人到中年，慢慢才有一些稳定的感悟和体会，也体会到形成一个健康阳光的财富观念是多么重要，财务自由是重要的，掌握财富管理的专业知识与技巧也是重要的，平衡而冷静地看待财富也是重要的。人类文明的进步，仇视财富无疑荒唐，膜拜财富也同样荒唐。同时我也认为，财富也好，闲暇也好，如果没有相应的智慧和知识来把握，就会成为不太牢靠的财产。"

他这段话我挺认同。

如何看待金钱，如何正确面对金钱，使用金钱，都是生活在现代社会的孩子或者成人必须掌握的。

其实从古至今，人们该如何看待金钱都是一个大课题。

《论语·学而》中记载了子贡和老师孔子的一段对话：

子贡曰："贫而无谄，富而无骄，何如？"子曰："可也。未若贫而乐、富而好礼者也。"子贡曰："《诗》云'如切如磋，如琢如磨'，其斯之谓与？"子曰："赐也，始可与言《诗》已矣，告诸往而知来者。"

这段话的意思是子贡问老师孔子："贫穷却不谄媚，有钱却不骄傲，怎么样？"孔子说："可以了，但不如贫穷却又快乐，富有却谦虚好礼。"

子贡立刻有所领悟，说："好比像加工骨器要细切磋，又像玉石细琢磨，就是这个意思吧？"

孔子听到这很高兴，表扬子贡说："现在可以和你讨论《诗经》了，告诉你过往你就能知道未来了。"

子贡是孔子非常优秀的弟子，名列四科十哲，是言语课的高材生，后来做生意成了大商人。

成年人会知道"贫而乐、富而好礼"是有多么难做到的。

那么点点滴滴从小培育孩子健康阳光的金钱观，就必须从他想要买东西开始。

（一）从糖豆到 100 个公主 我给孩子订规则

小孩对金钱有概念，一般都是从要买东西这个点切入的。小时候，小超市有她喜欢吃的糖果饼干，等再大一些，就开始有喜欢的玩具，后来买笔买本买橡皮，买书买工具买文创……

廷廷是个不挑吃穿的孩子，购物欲望主要集中在玩具和学习用具上。大约 3—5 岁的幼儿园期间是她购物欲望蓬勃的阶段，也是她的好奇心最旺盛的时候。

"要让孩子谨守分寸地获得应得的保护、关心和物质。"

这里边有两个关键词，谨守分寸和应得。

进玩具店前，通常我们会先谈好条件，就是每次只能买一两样，要是买的东西特别小，比如一块糖一支笔之类的，加一起不能超过 5 件，自己取舍。如果没有什么自己喜欢的，本次玩具件数的额度可以留着下次再用。

孩子在得到充分尊重的前提下，是可以做到不贪心的，她不会因为东西贵贱去凑够数量，而是因为喜欢。

就这样，孩子一天天长大了。

有几年间，她非常迷恋迪士尼的各位公主，家里最多时累积买了 100 多个公主玩具，只要看到一个新款的迪士尼公主都要去买，以至于公主在家堆积如山，我觉得应该管管了，但是一时间没有找到好的角度。

咦，机会来了。

有一天，她在商场里看中了一个大型拼装城堡——爱莎的冰雪宫殿，很贵，但是她喜欢得不得了，我建议她用足自己的购物额度，20个换一个，买下了这个，两个月不再买玩具了，她高高兴兴地答应了。

这个城堡有多夸张啊，里边配有卧室和各种灯具，需要用电钻来搭建。当时爸爸也提醒她，你必须有充分的准备自己做完它，爸爸可以帮忙，但是主要靠你自己。

她每天放学回来第一件事，打开图纸，开始干活，最后她和爸爸一起搭建成功了这座城堡，通电之后张灯结彩特别漂亮，她自己超喜欢这个作品，像一个建造师有满满的成就感。

这是她经手的最大一单工程，收获多多，一是她能够挑选自己最喜爱的东西，因需要而买而不是为买而买；二是能够衡量自己的需求和预算，达到最大满足；三是她在耐心和细心得到充分考验的情况下，成功完成一件有挑战性的事儿。

说到这，孩子在"买买买"的消费主义的当下如何不被影响呢？他们比大人还多了一份真心，有多少成年人是因为虚荣心大肆消费的？

父母和孩子之间要做到充分的互谅尊重，在他得到充分的购物满足后，他慢慢习惯了权衡、比较、克制，慢慢建立自己的财商。

到小学之后，女儿有时还会去玩具反斗城之类的玩具屋逛，但很多时候她会说，没什么可买的，什么也不要啦。

后来有了弟弟，她会挑一件礼物送给自己的弟弟，甭管弟弟喜不喜欢，也是她的心意。现在，我们对待弟弟也是一样的，先讲好规则，然后在规则框架内让孩子做主。既不饥饿，也不过度喂养。这句话其实是法国作家蒙田说的"儿童犹如我们的胃，不用过度喂养"。

为什么过度"饥饿"也不行呢？因为孩子的某一需求被过度压抑，他会在其他地方拼命地找补偿。我有一个好朋友，旅居欧洲，一个妈妈带两个娃，对孩子的要求比较严格。为了健康和牙齿考虑，很少给孩子吃零食，糖果更是很少买。可是，姥姥就发现只要到了别的地方，比如诊所之类的场合，等待区的茶几上通常都会放些糖果、零食，两个孩子只要一见到，就拼命地吃，用姥姥的话说："吃的啊，就跟没见过似的，可实际上真的没怎么见过，他们妈妈不让吃这些垃圾食品啊！在家里吃不着，妈妈看不见的时候使劲儿造。"搞得妈妈哭笑不得。所以每次孩子们回国，回到沈阳的姥姥家，这位姥姥都会特意买点蛋糕、蛋卷、棒棒糖什么的，就是为了让孩子吃过、见过。

廷廷的幼儿园曾经对孩子们做过那个著名的延迟满足的

糖果小实验。

美国一位心理学家于20世纪60年代曾经针对某大学附属幼儿园4岁的孩子实施冲动控制的研究：一位大哥哥要去办点事，如果你愿意等他回来，你可以拿两颗糖果，如果你不愿意等，你只能拿一颗，但可以立刻拿到。

有些孩子的确能耐心地等待10分钟，他们用尽各种方法，例如将头埋入手臂中、唱歌、自言自语、玩弄自己的手脚等，最后这些懂得延迟满足的孩子得到两颗糖果。有些孩子则比较冲动，大哥哥才走开几秒钟便拿走了糖果。

14年后这些孩子成为青少年，经过追踪调查发现，4岁时就能抵抗诱惑的孩子到青少年时期社会适应能力较佳、较具自信、人际关系较好、较能面对挫折、能积极迎接挑战，面对困难也不轻言放弃。接近30岁时，那些曾在童年抗拒糖果诱惑的人，仍然较为专注、智能上较成熟、精神较集中。

反之，4岁时选择立即抓糖果的孩子，到了同样年纪，在认知上较生疏，情绪能力明显少于能自制的另一组人，他们通常容易分心，追求目标时无法延迟满足。

在那个小实验里，班上的孩子们无一例外，竟然都等到了两颗糖果。家长们事后闲聊，在几十年后的今天，不知道孩子们是真的能抵抗诱惑，还是糖果的诱惑已经不够。

但是，为了更远大的目标可以暂时忍受延迟满足，无论怎样，这个实验对很多家长都是一个提醒：别饿着，更不要过度喂饱孩子。

（二）孩子的压岁钱 应该被大人扣留吗？

东北小孩儿最常听到的一句话就是：来，压岁钱妈帮你保管。

这句话被描述成了东北妈妈的几大谎言之一，不过我在女儿很小的时候就明确告诉她，这些钱不能都交给你。

存钱这事儿有很多妈妈做得非常好，我自愧不如。有的妈妈会把孩子的压岁钱存到银行，为孩子建立一个专属账户，长大了可能是一笔可观的数字。我太懒了，没有去存过，也没有好好算过孩子到底收到过多少压岁钱。但是我和女儿、儿子讲过压岁钱到底是做什么用的。压岁钱，古代也叫压祟钱（"祟"就是不吉利的东西。古人借这个习俗来表达来年不要有任何不吉利的事情发生）。清朝的吴曼云写过一首诗《压岁钱》："百十钱穿彩线长，分来再枕自收藏，商量爆竹谈箫价，添得娇儿一夜忙。"由此可见，从古至今孩子们用压岁钱买鞭炮、玩具、糖果之类的，和今天也差不太多。

不同的是，今天很多孩子的压岁钱实在是数目不小。随之，作为父母，我们作为回馈，包给别的孩子的压岁钱红包也越来越大，可是这些钱都到孩子的手中怎么行呢？所以每次廷廷收到红包，我会让她保存写有祝福的红包，每个红包里保留一百块钱，其他的我会收回来，并且告诉她，她得到这么多的压岁钱，爸爸妈妈也送出了更多的压岁钱给别的小朋友，所以不能都归她所有。在她三年级以前，对这样的做法没有异议。

九岁那年的春节，女儿提出："妈妈，今年春节爸爸、妈妈、奶奶、姥姥、姥爷和小姨给我的压岁钱我能不能自己来保管？"

我说那可以啊。但是要记账，每笔是怎么花的。

结果这个决定给她很大的惊喜，然后，万万没想到，她又把这个惊喜给了我们。

大年初一，一家团聚的时候，她给我们每个人准备了一个红包，每个红包里面塞了200元钱。

她对一家人解释说，你们都给我红包了，这是我给你们的红包，希望你们都能分到我的红包。

在她给我们回赠的小红包的封面上，都画上了美丽的小画。让我们很惊喜，感动于孩子的这份儿用心，这是她所理解的回馈与分享。遵守承诺，今年的压岁钱由女儿自己支配。

十一国庆假期，在北京前门的一家丝绸店闲逛，她用压岁钱给自己买了一条小丝巾，还惦记着也给姥姥、奶奶也各买一条。支配自己的金钱，让孩子对家人的情感表达有了一个实实在在的其他通道。

尽管如此，我还是建议家人以后的春节，给孩子的压岁钱每个红包不要超过 500 元，最好是 200 元封顶。这样，孩子就可以真的完全拥有和支配自己的压岁钱了，喜欢记账就记账，不喜欢记账也没有关系，买点喜欢的小玩意随便支配，大人不必过问。我们要让孩子知道，压岁钱是长辈对孩子的美好祝福，但是太高的额度就难免助长攀比的风气，偏离了压岁钱的本质了。

廷廷的金钱概念还在于她开始关注我的工资发放日期。

工资这个事是我有意灌输给她的，大约五六岁吧，有时买了比较贵重的东西，我会折算成每个月工资的比例。比如今天买了衣服鞋子花了一千块钱，我会告诉她相当于妈妈工资的十分之一，也就是把妈妈工资分成十份，用掉了其中一份。

她会接着问我，那还有钱干别的吗？还有钱吃饭吗？还有钱旅行吗？我会说，吃饭呀没问题，如果要去旅行，我得和爸爸再好好工作，再攒一攒就可以去啦！然后她会问我能不能这个月少花点我们攒一攒。当然啦，可以呀。

在我们家，从来没有因为孩子还小就回避金钱的问题，我和先生聊天也不会刻意回避孩子。有时候，我们会说，宝贝，你以后长大了也好好工作，通过自己的工作和劳动换来收入，女儿分享给我的，关于钱，你知道多少?

问：人民币上有多少种文字?

答：人民币上有五种文字分别是：汉字、蒙文、藏文、维文和壮文。

问：人民币上的风景都是哪里?（第五套人民币）

100元背面：人民大会堂。

50元背面：布达拉宫，是藏王松赞干布为远嫁的唐朝文成公主而建。

20元背面：桂林山水。

10元背面：长江三峡夔门，在瞿塘峡入口处，是长江三峡的西大门，也叫"瞿塘关"。

呵呵，女儿，谢谢你啊!

这么多年，赚钱，花钱，如果不是你告诉我，我还真的没有留意过这些关于钱的细节。

你可以买自己想买的东西，也可以带着全家人去旅行，去吃各地的美食，这就叫自食其力。自食其力以后，也可以去帮助那些需要帮助的人。

她理解我们的话，也认为自己将来会好好工作，会靠自己的能力去拥有，还能帮助到别人。

（三）孩子们的跳蚤市场和"慈善基金"

家里玩具太多了，随着长大，很多东西会从很喜欢变成漠视。

有段时间她疯狂痴迷迪士尼的公主，碰到就会买，美人鱼公主的尾巴她就买过好几条，买回家后，她会把自己塞进美人鱼尾巴，卧在地板上看书，看到我们还会摆动几下尾巴，场面十分搞笑。但过了痴迷劲儿，这些东西就有些过于挤占家庭空间。

关于玩具的问题，我们开了个小小的家庭讨论会——品相完好但又不再喜欢的玩具可以送给别人或者作为二手玩具卖给别人。

刚刚好，学校组织了一个以筹集慈善款为目的的交换集市，学生们可以把不用的东西或者想要捐赠的东西拿到班级的摊位上进行售卖，每位家长给自己孩子提供一点集市的消费资金，用于购买自己喜欢的用品。

这样一边去库存一边上点新货，让物品流动起来，得以充分利用，孩子们都十分开心。最后这些钱就会作为爱心款通过学校捐助给孤儿学校。

廷廷第一次参与慈善集市活动时别提多兴奋了，在集市里挑选东西的时候特别用心，她觉得自己在做一件有意义的事。

金钱的恰当使用，会给人带来愉悦，对金钱过分看重和过分淡漠都容易造成失误。我非常欣赏孩子学校能够一年一度做这样的集市，让孩子体会交换、奉献、取舍。

（四）不用"物质奖励"来肯定"进步"

就像前面所说，我不反对孩子买喜欢的东西，只要是在有限度的范围内。既不夸富也不过分渲染贫穷。而且，很重要的一点，我们从不用物质奖励来肯定孩子的进步。

"宝贝，你期末考试如果考 100 分，爸爸就奖励你……"

"宝贝，你如果这次钢琴考级能顺利通过，妈妈奖励你……"

这类情形在家长中并不少见，但在我们家从来没有过。

那么如何激发孩子的积极性和主动性呢？我想最有用的还是沟通。

每个孩子都有自尊心，每个孩子都渴望进步，每个孩子都希望自己能得到肯定，每个孩子都希望成为更好的自己。考试之类的事情，真的是孩子自己的事儿，需要通过这些来知道自己的不足或者完成阶段性的自我超越。只要沟通到位，让孩子清楚地意识到这一点，买不买礼物真的没有那么重要。礼物可以通过其他的方式去购买，不必作为某种成功的交换条件。

有人说，买礼物定目标这样真的好用啊，孩子确实有动力了！我的一个朋友就说，他们家的小儿子特别想要一个电子手表，定位考试 100 分的目标以后，孩子确实爱学习啦。他觉得，适当的物质刺激孩子会觉得自己树立了一个目标，他朝着一个目标而努力了。可是，这次如此了，下次怎么办呢？这个目标从一盒乐高到一个游戏机、一部手机，甚至再到一台电脑、一辆车……这种谈条件的筹码会越来越大，如果一旦父母满足不了，是不是孩子反而失望了？

当然了，这是非常极端的情况。物质奖励也不必全盘否定，如果一个小朋友在这种奖励下，慢慢突破自己找到了自信和乐趣，慢慢地变成了一种习惯，也是好的。只是尺度得需要父母的智慧去拿捏了。

孩子的心灵是天真、单纯的，千万别把物质奖励当成拔苗助长的工具就好。

桑德尔的《金钱不能买什么》，
谈到了金钱和荣誉的优先性。

　　小国瑞士严重依赖核能，需要一个储存放射性核废料的场所，但很少有地区同意成为储存点。1993年，当时被指定可能堆放核废料的是位于瑞士中部的一个小山村。

　　在就这个事件举行公投之前，一些经济学家在该村的居民中间进行了一次调查，询问如果瑞士国决定将核废料堆建在当地，他们是否会投票同意这项决定。虽然社区居民广泛认为这个设施是不受欢迎的，但是居民中有微弱多数（51%）说他们将赞成这个决议。显然，他们的公民责任感战胜了他们对于风险的担忧。然后经济学家加了一个甜头进去：假设国会提议将设施建在他们的社区并且每年给每个人提供经济补偿，那么他们会赞成这个决议吗？

　　结果：支持率下滑了，而不是上升了。增加经济激励使得支持率减半，从51%变成了25%。更进一步地，即使增加激励也不起作用。经济学家将经济补偿提高，但是结果没有变化。当补偿提高到每人每年5300英镑，大大超过了月均收入的平均值时，居民仍然不为所动。在其他反对在自己居住地建核废料堆的社区，调查发现人们对金钱补偿的态度虽然没有那么激烈，但却是相似的。

对于许多村民来说，愿意接受核废料堆反映了一种公共精神，反映了他们对于国家作为一个整体依赖核能并且核废料必须堆放在某地这一点的理解。如果他们的社区被发现是最安全的堆放点，那么他们会愿意接受这一负担。在这种公民责任的背景之下，金钱补偿看起来像是某种贿赂，一种收买他们选票的举措。事实上，83%的拒绝金钱补偿提议的人解释说他们拒绝是因为他们是不能被收买的。

显然在孩子的成长过程中，这个案例所昭示的也同样适用。

24

这些年
孩子教会我的那些事儿

有人曾经向我推荐过一部德国和蒙古国合拍的电影《小黄狗的窝》。

电影讲述了蒙古小女孩娜莎在石洞里捡到一只憨态可掬的小狗，她将这个小家伙带回了蒙古包。但是父亲认为小狗曾和野狼生活在一起，必然会给他们带来灾难。娜莎不顾家人的反对，将小狗偷偷藏起来。母亲知道这种游牧生活不允许孩子的这种选择，她选择了和孩子谈一谈。

孩子抱怨小狗那么可爱却不能养，妈妈说，你把你的手往后弯，用嘴巴咬，看能不能咬到手掌心？孩子试了几次都咬不到。妈妈说，你再试试。几次之后孩子验证了确实咬不到。妈妈说："连近在眼前的东西你都得不到，所以看得到的东西你不能都想要。"之后女孩就反复思考妈妈的话。

显然妈妈学会了和孩子温柔沟通的方式，孩子也顺利体会

了妈妈的心意。（未完，待续哈）

和女儿一起成长的这十年，我从一个新手妈妈不断调整，不断学习，也日渐从容，略有心得了。用心陪伴滋养孩子的同时，我也收获着孩子对我的教化和滋养，领悟孩子教会我的那些事儿。

（一）妈妈 不要踢猫效应哦

有一天单位的事情特别多，忙到要命，回到家还有好几项工作没有处理完。这天学校的作业又不少，还有一些要复习的内容，有的需要她自己完成，有的还需要家长帮助。我就和廷廷说："女儿，咱们先排个顺序，生字和单词部分，你先自己复习，然后妈妈考你一遍，之后试卷和预习和读书笔记海报哪个在先哪个在后你自己安排，好吗？最后，要练20分钟琴。"她答应得好好的："好的妈妈。"可是半天还不动地儿，赖在沙发上磨蹭，我忍不住说她一句：廷廷你能不能痛快点儿？！怎么动作这么慢，这么没效率呢？！"

当过家长的人必然会理解我当时的怒火。

"磨蹭"和"慢"几乎是所有妈妈情绪的开关，娃们的小手随时在那开启和关闭的边缘。

尽管各种不情愿，但是她还是慢悠悠地把自己的这点事儿做了，先避重就轻地做了自己最爱做的读书笔记，然后是试卷、预习，和我一起边考边复习了单词和生字。最后，眼皮打架，没有办法再练琴了。看似种类很多，其实除了读书笔记海报比较耗时之外，其他的每一样都是一点点而已，只要不拖延时间，每样10分钟就可以搞定，但是因为效率低，所以弄到很晚。我心情也比较焦躁，催着她赶快洗漱睡觉，不要再磨蹭……

她跑进卫生间踩着小板凳开始洗漱，转过头跟我说："妈妈，不要踢猫效应哦。"

我当时就笑了，哈哈哈，这是有一次我们一起读一本绘本《大雨哗哗下》的时候，我顺便给她分享的一个小知识——

一父亲在公司受到了老板的批评，回到家就把沙发上跳来跳去的孩子臭骂了一顿。孩子心里窝火，狠狠去踹身边打滚的猫。猫逃到街上，正好一辆卡车开过来，司机赶紧避让，却把路边的孩子撞伤了。

这就是心理学上著名的"踢猫效应"，描绘的是一种典型的坏情绪的传染所导致的恶性循环。

有天放学的路上女儿说自己心情不好，原因是和小朋友玩的时候的一个小矛盾引发了她做别的事情也带着情绪，所以就接连做不好。当时我也和她分享了这个心理学上的小故事，坏情绪要及时地被控制，不能任它蔓延下去。

女儿应该是对这个故事很走心，结果那个晚上她突然给我来这么一句，把我冒出来的怒气小火苗一下子就熄灭了。

我很不好意思地说："女儿你说得对，抱歉啊，妈妈不能让这种情绪再蔓延下去，我们该干嘛干嘛吧。"

事后我和孩子爸爸分析这件事，孩子对父母说的话做到了活学活用，有些话在说的当时也许她没有什么反应，但毕竟会有一些能走进她心里，然后又"反哺"了我。

（二）绝对禁忌：孩子认为妈妈你不懂我

在教育孩子的问题上，没有绝对正确的方法论。但是有个事情我们要尽可能避免它发生，就是孩子觉得——爸爸妈妈你们不懂我，你们不懂我的心。

我们爱一个孩子，或者教育一个孩子，不是我们认为自己对她好不好，而是孩子觉得你对他好不好，够不够懂他理解他。就如恋爱中的男女，男孩送了女孩一筐梨，觉得自己付出很多，可那个女孩子最爱吃苹果，你付出再多都只能感动自己。

还是刚才提到的那部电影《小黄狗的窝》。因为父母反对收留小狗，孩子很伤心。这个孩子为了保护住小狗，在大草原中走丢了，被另外一个蒙古包的奶奶收留，老奶奶讲了一个小狗的故事，孩子问了一个很难回答的问题：下一辈子要转世当人很难吗？

那个老奶奶没有说什么，只是抓了一把米，拿起一根针，将所有的米撒下来，然后问小姑娘：这么多的米，有一粒立在针尖上的可能性有多大？孩子试了好几回，可是一粒米也立不住，她说，好难啊，根本不可能。

老奶奶说，要转世为人就是这么难，所以我们的生命才这么宝贵。

老奶奶用这样智慧的方式向一个不懂事的孩子讲解转世和来生的"难"，而小女孩把这个理解消化成了她自己的方式。当然电影的最终是个圆满的结局，因为小狗救了小女孩的弟弟，女孩的爸爸接受了小狗，给了它一个温暖的家。

侯孝贤导演曾经在谈电影的时候说过："认识自己不是一两天的事，其实最难的，可能是你看一辈子，最后还是没认清你自己，因为你会掩盖自己的弱点，比如虚荣心，还有物质的欲望。这两个最难，有时候你自己会掩盖。"

当了妈妈以后，我会觉得与认知自己相比，认识孩子反而是容易的。他的生命借你而来，却未必是为你而来，他们有自己的使命，却将一个生命对另一个生命的赤诚毫无保留地给了你，这就是立在针尖上的那粒米。无论如何，珍惜他、善待他、守护他，努力过好这一生。

温柔些，缘分这么深，不要依仗"为了你好"，用力过猛，反而让孩子觉得父母是最不懂他的人。

（三）座右铭：管好自己你能飞

说起成长，我想起送给廷廷的一句座右铭。

有一天在家，我对女儿说，你已经 7 岁了，要学会自己管理自己，妈妈送你一句座右铭：管好自己你能飞。

这句话包含两层含义，一是不要经常依赖别人，先管好自己的每一件小事；二是做到这些后，会有很好的结果。

这天，女儿问我，妈妈你有座右铭吗？

哎呀，这个问题，得容我想想。曾经妈妈也是有过很多的座右铭的，小学的时候是鲁迅先生的同款："早"字。中学的时候，是诗人汪国真的一句诗："没有比脚更长的路，没有比人更高的山。"大学的时候，有很多的座右铭来着，现在一句也记不得了，后来工作了，读的书也更多了，喜欢很多人的文字，苏东坡的《临江仙·送钱穆父》中的最后一句"人生如逆旅，我亦是行人"、木心先生的"心之所向，素履以往"……好多好多，现在妈妈的微信签名也算是座右铭吧，是奥地利诗人里尔克的一句话："愿你有充分的忍耐去担当，充分单纯的心去信仰。"

"妈妈，座右铭原来是可以换的呀？"

"是啊，座右铭是可以随着我们的成长和领悟而变化的。你也可以换啊。"

"我现在就是喜欢这句：管好自己你能飞。我就是想飞。"

孩子，这句话，妈妈听来也一样觉得很受益呢！

（四）朱子家训，父母这一代被落下的古文修养课

廷廷非常喜欢一篇古文《朱子家训》也叫《朱子治家格言》。有一段时间，她几乎天天在背，在洗澡的时候，在车里，朗朗童声，甚是好听。一天她说："妈妈，我觉得你也应该背一背朱子家训，以后就知道怎么教育我和弟弟啦！"

哈哈！好的女儿，谢谢你的建议哈。

朱柏庐老先生作为明末清初著名的理学家、教育家，多次拒绝康熙皇帝的征召，潜心治学，思想根植深厚。向他去取修身治家的教育经，是很多后人已经践行的事。我没有完全背诵下来，在文末节选一部分和大家分享。

（五）航空科普课 让我们懂得遵守规则的重要性

2018 年寒假最后几天，我给女儿报了个航空科普营，两天在室内，一天在户外，她特别喜欢。

冬令营第一天是理论知识，给孩子们比较系统地梳理飞机的基本原理，廷廷听得认真极了。

在回家的车上她开始现学现卖，考起我来。

"妈妈你说宇宙飞船算飞机吗？"

"算吧。"

"哈哈，不是，宇宙飞船是飞行器。"

"那直升机是飞机吗？"

还没等我回答，她就抢着告诉我："也是飞行器。"

接着她给我解释起来，飞行器是一大类别，飞机属于飞行器，火箭、直升机、飞艇也都属于飞行器，只有带机翼和机身的才能叫飞机。

给我讲解这些的时候，她的眼睛里闪烁着孩子的纯净的光。

她接着考我。

"妈妈那你知道我们坐飞机的时候为什么起落时要打开遮光板吗？"

我说只记得要调直座椅靠背是为了自己安全，真没记住遮光板为什么要打开。

她又考住了我，特别开心，眉毛都要飞起来。"妈妈你没看过《萨利机长》吗？打开遮光板是飞机一旦发生紧急事故，救援队通过手电筒照射就能看到里边是否有人需要营救。打开遮光板还能够随时看到外面的机尾、机翼情况。"

我回想起《萨利机长》和《中国机长》上映时都引起了大家对于飞机上一些耳熟能详但又不知为何的规定的阐释。

一个机长朋友告诉我，影片有太多的细节让民航人戳心泪目。迫降过程中两名空乘不断重复的 :Brace!Brace!Heads down!Stay down! 平时乘机时乘务员广播"请系好安全带，全程关闭手机，调直座椅靠背，收起小桌板，打开遮光板"这些安全提示时，每一句提示都是一条生命线。

这些安全常识我成年后还是一知半解，廷廷则是已经能当成自己的知识传授给别人了。

冬令营的第二天是模拟仓体验飞行，相当于飞行员的必修课，能真实还原机上操作。

廷廷流连忘返，一直跟我念叨要再飞一圈。孩子在机械上的理解能力很容易超过成年人，因为他们更专注，机舱里无数块表盘，她坐那儿就滔滔不绝地给我讲：这是速度表，飞机到达什么速度就要拉提升杆，不断拉升飞机起飞；那是平衡表，即将降落的时候要看灯，两红一白……就像个小导师。

这些知识要是让她在课本上学，就太难记了，在模拟驾驶中就接收得特别快。面对我这个小白，女儿特别有成就感。起飞降落两次后，爽得不得了。下了飞机模拟仓她跟我说："开飞机太有意思了，现在给我一个真的飞机我都能开！"孩子，这是自信过头啦哈哈。

2018 年秋天，女儿的第一次飞行体验
课。爸爸有点担心固定翼小飞机的飞行，建
议你还是不要上去了，当然他没有劝说成功。
结果，你最后一个上机体验，结果，因为是
最后一个，所以教练带你飞了很久，还做了
特技飞行。你可乐坏了。宝贝，体会了"福
祸相倚""塞翁失马"。

第三天的体验活动是飞机遭遇紧急情况时的避险逃生。飞机遇到强气流颠簸你怎么办？需要紧急迫降你怎么办？如何跳滑梯？水上迫降你怎么办……

这种模拟培训给孩子一种心灵震撼，太真实了。就如日本小学生的地震教育，经过无数次的演练，当真正灾难来临大家不会太慌，知道怎样执行。

真的很惭愧，还是因为孩子，我第一次体验氧气面罩掉下来到底怎么戴，飞机上的救生衣怎么穿，我才知道氧气面罩里面的氧气供应量大约是15分钟。

那么过了15分钟怎么办呀？孩子们问。

当然，这是国际标准，通常来说那就足够脱险了。

最后一项培训演练是撤离机舱时机舱滑梯怎么滑，这个过程和真实飞机一样，每个孩子参与了实操。

这也是飞机紧急事故最后一步，我第一次在孩子的指导下开了机舱门。真是的，边开边想到了网上的段子。网上的段子调侃说："近期有些任性的旅客喜欢一生气就擅自开飞机应急出口，年底了，附上各种机型价格，以便选择给航空公司包多少红包：737主滑梯8万元；320主滑梯9.2万元，翼上7万元；330主滑梯19万元，应急出口15万元；777的20—25万元；380的30万元左右。价格公道哦，任性您就来吧！"调侃着说，意在换种形式警示乘客不可以随意开启舱门。

我的思想开了小差，这不对，孩子们可一直是非常认真的。演示过后，孩子们从容又严肃，廷廷也是如此，我能体会到他们都完全投入其中，感觉到自己在关键时刻能够解救别人的生命，帮助他人。

（六）抛开"唯目的论"，坚持做自己

三年级的教学内容里有一块是关于偶像的。老师讲了很多古今中外不同领域的世界名人的故事，也让孩子们阅读了大量的关于名人的书籍。

转眼，要考试了。考试最后一道题目是小作文《My idol》，当廷廷知道要考作文"我的偶像"的时候，她给自己树立的偶像是米开朗基罗，因为她了解了米开朗基罗的生平，去过坐落在梵蒂冈城的西斯廷大教堂，见到过教堂顶上米开朗基罗负有盛名的作品《最后的审判》，她觉得这个人物非常令她钦佩。

但是同时，问题来了，米开朗基罗 Michealangelo，这个英文名字好长好难写，廷廷总是写错。她和我说，妈妈，我太想把这个名字写手上了，因为我可能背不下来。可是自己又觉得这样作弊，不太好。

于是我建议她要不干脆换一个名字好写的人吧，反正你们学了那么多的人物啊，比如乔布斯、林肯、杨利伟，不都

挺好写的吗？女儿却坚决不同意，她的意见是，我目前就是觉得米开朗基罗是我的偶像，其他人不是，我不能因为名字长，就改变了偶像。

这就是孩子，真实、纯粹。

和孩子相比，我太功利了，自我批评。

那怎么办呢？毕竟是考试啊，不能满纸全是错误的名字啊。我建议她自己去征求老师的意见。

放学后，她开心地报告沟通的结果，老师说，你可以把这个名字提前写在纸上，也可以用缩写或简写或拼音来代替这个名字，但是只限于名字，其他的部分你要尽可能地用自己能够做到的方式去写。

我们成年人总是"唯目的论"，为了目的可以采取一些手段，甚至有人提出"看结果不看过程"。

但这次考试中，孩子坚持了自己真正的偶像是"米开朗基罗"，她不愿意随意因为书写名字太难而逃避，她也没有因为坚持自己真正的偶像，就选择写在手上直接作弊，而是采用了提前沟通的方式。

我很认同她的做法，也感谢老师配合她进行了变通。

考试只是一时，学会诚实守信同时，懂得管理自己，选择坚持做自己才是一辈子的事。

事后我也想，如果孩子真正碰到了不能变通的情况，被逼到了墙角，那该怎么办？这个问题各位读者，你也想一想吧。

　　转眼，女儿五年级了。在看了《功勋之国家先锋》《时代 我》等纪录片后，女儿最近的偶像是袁隆平。伴随着成长，不知她的下一个偶像会是谁呢。无论是谁，偶像的意义都是让我们在对方身上看到自己可能去追寻的部分，让我们不断地自我完善。正所谓：见贤思齐。

廷廷小导师的航空避险培训心得:

1. 妈妈请注意,收好手机,最后一步跳滑梯一定要快速准确,把尖锐物都除掉。

2. 双旋梯可以采取坐滑、跳滑方式,体验特别好,和游乐场不同,特别神圣。

3. 如果发生空难,飞机舱门没有打开,滑梯没有搭好,有人说就要下飞机,绝大多数小朋友回答说不能让下,因为危险。但老师说当紧急情况发生要秉持保护最多数的原则,关键时刻要保全大家。所以不能去做妨碍别人的那个人。

4. 等搭好滑梯,那个乘客想抢着下,到门口害怕又不想下。绝大多数小朋友说可以让他回去。乘务长说,没有时间让他回去,要么就在旁边待着,按序排队,如果中间有没接上的人可以让他下,择机插队。在飞机上一定要服从规则,破坏规则可能要付出生命的代价。

5. 如果有人不敢下,会不会推他。孩子们说,推他。乘务长说,一定会推他下去,没有时间商量。

6. 航空救援的紧急时刻要遵从法则,保护更多人的生命。

黎明即起，洒扫庭除，要内外整洁，

既昏便息，关锁门户，必亲自检点。

一粥一饭，当思来处不易；半丝半缕，恒念物力维艰。

宜未雨而绸缪，毋临渴而掘井。

自奉必须俭约，宴客切勿流连。

器具质而洁，瓦缶胜金玉；饮食约而精，园蔬逾珍馐。

勿营华屋，勿谋良田，三姑六婆，实淫盗之媒；婢美妾娇，
非闺房之福。童仆勿用俊美，妻妾切忌艳妆。

祖宗虽远；祭祀不可不诚；子孙虽愚，经书不可不读。

居身务期质朴，教子要有义方。

勿贪意外之财，勿饮过量之酒。

与肩挑贸易，毋占便宜；见贫苦亲邻，须加温恤。

刻薄成家，理无久享；伦常乖舛，立见消亡。

兄弟叔侄，需分多润寡；长幼内外，宜法肃辞严。

——《朱子家训》节选

廷廷六岁诵读《朱子家训》

25

不以爱的名义伤害

（一）"小时候"的烦恼如影随形

　　我们《阿宝客厅》有一期直播节目，当时借由一条新闻，说到了自己的小时候。一个嘉宾忍不住讲到了自己和父母的故事。她一直是学习成绩特别好的那种孩子，考第一名是常事儿，到了初中，一次期中考试忽然考砸了，分数非常低，大约要排到班里的二十几名，结果她的父母不知道该说她什么好，掩饰不住地失望、焦虑、抱怨和冷漠，让她忽然感到不寒而栗。仅仅是一次考试而已，却成了一块试金石，给她的感觉是：原来，你们最在意的根本不是我，而是我的成绩。考出好成绩，父母才爱你，考砸了，父母就不爱你了。尽管成年之后，她早已理解了父母的那份苦心，但是当时父母对待她的那种方式所留下的冰冷的感受却多年挥之不去。

听到这儿另一个姑娘马上接话："我爸妈就是从来不认为我能有出息，我爸在我小学的时候就经常跟我说，你要是不能学就别学了，你能干啥啊？捡破烂都不行，将来捡破烂都是机械化了，你连操作机器都不会，你就得拿个二爪钩在那儿划拉（这里写出来完全没有贬低环卫和废品回收行业的意思，完全是家长恨铁不成钢时说的狠话的原文）。高中的时候，有一年我想报考空姐，我妈说你想啥呢？你还真觉得自己长得好看啊？你也不拿个镜子照照，你是那块料吗！"这些话，对于十几岁正处于青春期的少女来说，真的是句句戳心啊。

另一个朋友讲过一个故事。他的高中同桌是学霸，但同学的爸爸打人特别狠，有时候甚至会拿腰带当鞭子打他。后来，这个同学考上了北大，一直到博士后，但是很少接父母电话，寒暑假也尽可能住在学校，很少回家。因为他受够了小时候父母的呵责和怒骂，他只想摆脱那个令自己窒息的家庭环境。

按常理说，父母含辛茹苦把一个孩子供上了北大博士他们容易吗？当然不容易，这一点他也知道，但是就是不愿面对那个冰冷的记忆。后来，结了婚，有了自己的孩子，也知道给父母钱，但是跟父母的关系依然很远。他人可以指责这个同学不懂事，但是成长路上借由"爱"的名义所带来的伤痛到底有多深，恐怕只有当事人才知道。

因为爱、因为期望、因为对自己人生的失望、因为对未来的恐惧……因为各种各样的原因，孩子承受着父母"为你好"的命题下理所当然的管教，成为父母最容易发号施令与发泄情绪的对象。

有一段时间我很着迷读阿德勒，用画线和读书笔记的形式精读了《儿童的人格教育》和《自卑与超越》，阿德勒说："幸福的孩子用童年治愈一生，不幸的孩子用一生治愈童年。"

直到今天，依然会有很多人质疑：至于吗？有这么脆弱吗？我们小时候父母也不懂什么心理学，该骂骂、该打打，我们也没什么毛病啊？不是挺好地长大了吗？这个问题，千人会有千种答案。有的父母管教方式很严格，有的孩子小时候顽皮搞怪，父母可能也会用"打、骂"的方式来管教。但是但凡长大后依然跟父母关系融洽的孩子其家庭教育无论什么样的约束形式，其背后一定有一个极为重要的东西，那就是："爱与感受爱。"孩子一定感受到了家庭的爱，哪怕就在几个瞬间，都足以化解内心的寒冰。而这个东西若没有，随着成长，孩子也可能会和父母和解，尤其是在他们也为人父母以后。他们理解了人生的艰辛，或者出于血缘与本能，还有责任，而与父母和解。这中间或许已经过去了十几年甚至几十年。我曾经在一个论坛里看网友们就这个话题的讨论："之前有恨过父母，后来生活中经历很多，明白生活的艰辛，能够理解父母一些，也会孝敬父母。但是，心里对于家庭跟父母没有一丝温暖，感觉自己纯粹

就是在报答他们的养育之恩。"

如今的我们，成为父母，一定不愿意相似的故事重演。

如今的我们，面对如今的孩子，表达爱的方式能不能被孩子接受，显得更加重要。

有一本绘本，女儿廷廷和儿子麟麟都很喜欢，叫《安的种子》，相信会有很多小朋友家里都有这本书，非常安静的一本书。

老师父分给本、静、安每人一颗古老的莲花种子。

"这是几千年前的莲花种子，非常珍贵，你们去把它种出来吧。"

拿到种子后……我要第一个把它种出来！本想，怎样才能种出来呢？静想，我有一颗种子了。安想，本跑去寻找锄头。静想要挑出最好的花盆。安把种子装进小布袋里，挂在自己胸前。本把种子埋在雪地里。等了很久，本的种子也没有发芽。等不到种子发芽的本愤怒地刨掉了地，摔断了锄头，不再干了。我一定会种出千年莲花的。静想。雪下大了，我先去把庙门外的雪扫一下吧。安想。静去查找种莲花的书籍。安去集市为寺院买东西。静将选好的金花盆搬来，放在最温暖的房间里。安接着清扫寺院中的积雪。静用了最名贵的药水和花土，小心地种下了种子。安和以前一样做着斋饭。静的种子发芽了，静把

微博语录　2019.2.7

　　两个人忙了半天，据说在给我做好吃的，我问做的是什么，告诉我：燕窝。😂😂今年冬天整个大东北燕窝产量都低，攒了一冬天，就院子里这么一点点儿，成色挺差杂质很多，还被你俩采了，哈哈哈哈哈。谢谢，麻麻就不尝了。

它当成宝贝，用金罩子罩住它。清晨，安又早早地去挑水了。静的小幼芽因为得不到阳光和氧气，没过几天就枯死了。晚课后，安像往常一样去散步。春天来了，在池塘的一角，安种下了种子。不久，种子发芽了。安欣喜地看着眼前的绿叶。盛夏的清晨，在温暖的阳光下，古老的千年莲花轻轻地盛开了。

每个人读书都有各自不同的感受，老师父给三个小和尚的千年莲花种子，只有安的最后盛开为莲花。

书中，小和尚本把种子埋在了雪地里，没有发芽；静选用了寺庙里的金花盆，用了最名贵的药水和花土，虽然长出了嫩芽，但因为得不到阳光和氧气没几天就枯死。

只有安，在冬天他用布袋装好种子，春天来了，他在池塘一角种下了种子，静待发芽生长。

爱不问所需，爱凭己想象，放肆地爱我所爱，终成伤害。

（二）在孩子的世界里，严厉不等于效果

一年级的时候，有一周我出差，姥姥自告奋勇带着廷廷写了一周的作业。

不知道你们家如何，在我家，我的妈妈瞧不上我的育儿方式，她觉得我太"面"，过于软弱，把孩子惯坏了，毛病已经养成，这次她终于可以上手尝试自己的教学理念：严格。

过程不用问也能想象，无外乎孩子哭，大人气。

但是其实没有我想象得那么糟糕，回家后问女儿："姥姥陪写作业怎么样？"孩子说，很好啊。

回头再问姥姥，姥姥却满是抱怨，基础太差、写字太慢、怎么现在汉语拼音还不熟练呢？……以后啊，真得好好抓抓，要不然就晚了……然后又甩给我一堆以前给过我的链接，《三岁再不立规矩就晚了》《孩子必须先苦后甜》……

过了几天，现实打击了姥姥的积极性，孩子写的作业成绩是良，优减。

后来女儿说："妈妈你发现没有，我成绩不好的作业本都是在姥姥辅导下诞生的。"

"为什么呢？"

"因为姥姥教我的错别字多。唉！"

"姥姥年纪大了，脑子不够用容易写错别字，那你喜欢不喜欢姥姥呢？"

"当然喜欢了，但是不想姥姥陪我写作业。我不喜欢听姥姥唠叨我。"

我把廷廷的话，转述给我的妈妈，你猜都能猜得出来姥姥怎么回答——"不叨叨，你们能长这么大吗？"

老人们很容易将他们教育我们这代人的观念带入到对下一代的教育中，尤其是作为子女的我们这一代人成长得还不错，知书达理或者有份不错的工作，他们就如同得到了正确答案，用以证明自己的解题思路是对的，你不就是我们教育的成果吗？

确实，妈妈和爸爸把我和妹妹培养大，起码我们自食其力，热爱生活，家庭和谐，三观还挺正的，但是，我依然不愿意我的孩子像我小时候那样被"唠叨"大。

我为什么对孩子那么有耐心呢？

因为严厉的姥姥曾经是一个更严厉的妈妈，我在廷廷身上时常看到自己的童年，她的小错误我以前都犯过，被我妈严厉地批评过、变本加厉地唠叨过，犯错就像犯罪一样，这个记忆扎根下来，只要场景一浮现我就穿越到童年。而我知道，不用激烈打击的方式我也明白对与错，所以我尽可能对孩子温和。

有人会问，你和爸爸妈妈现在的关系怎么样？好吗？

当然非常好，前面写过了，家庭关系稳固的关键：爱与感受爱。

我妈虽然脾气急，爱唠叨，但是她无所保留地爱我们，甚至完全忽略掉她自己。小时候，她白天上班晚上点灯熬油到深夜给全家人做棉衣棉裤、织毛衣毛裤，有时候我半夜醒来，不知几点，爸爸鼾声如雷还不见她在灯下缝来缝去。20 世纪 80 年代，上班族的工资都差不多，她舍得省吃俭用攒一个月的工资 38 块钱买一台德生牌收音机给我，因为我太喜欢听《小喇叭》节目了；她深明大义，善良有责任心，不仅管着我和妹妹吃饱穿暖，她还惦记所有人，在艰苦的岁月里，也心怀希望。

小的时候，每到过年过节，我妈总会给奶奶家（我姥姥很早就去世了）、大舅二舅老舅家、大姨二姨老姨家、姑姑、叔叔家买很多东西，带着我们去挨家挨户看望长辈，给亲戚的孩子买吃的，买衣服。我和妹妹很不理解，也会抱怨为什么总是给他们买好东西呀？他们也不给我们什么！妈妈从不理会我俩的抱怨，依然年年如此。成年以后，我也会在节日的时候买各种东西给亲戚、长辈，还有亲戚家的小孩儿。妈妈常说："对别人好，福气都是给儿女攒的。"小时候我不懂。女儿也会问我同样的问题，我回答她："宝贝，妈妈对别人好，老天会对你和弟弟好。"她也不太懂，相信她长大了也会懂，付出有时比得到更让人舒坦。如果说我和妹妹的身上都有点文艺气息，也可能源于妈妈从小就买很多书给我们读，她自己喜欢看《父母必读》《大众电影》《大众电视》和《钢铁是怎样炼成的》《收获》……

是与非，冷与暖，孩子都能分辨得清，感受得到。

倒是家长，是管教还是发泄情绪，请务必分清。

网络上曾经流传过一段很火的演讲视频，名字叫《你满口是爱却面目狰狞》，语言的冷暴力对孩子的伤害是持久的，甚至可能会影响到他的一生，并反作用于未来年迈的父母们。

我当然不希望孩子在我老的时候那样对待我。

（三）儿童的心理疾病远比你想的严重

今年的《三联生活周刊》曾经做过一篇报道，《儿童抑郁症：为何我们总是忽略孩子的痛苦》，主笔是徐菁菁。

文中写到，在中国，成人抑郁症经过近些年的普及，逐渐走进公众的视野，但未成年人特别是年龄较小儿童可能受精神情绪问题的困扰，需要专科医生的诊断、治疗和心理干预，对于许多成人来说都还是盲区。

可是持续走高的就诊率却让很多医生深有感受。北京回龙观医院儿童心理科主任医师刘华清看在眼里，"十几年前，我们科室一天差不多看 10 个孩子，现在我个人的门诊一天就有三四十个号，还有额外的加号，其中被焦虑和抑郁困扰的孩子大约占 60%—70%"。这不光是他一个人的感受，全国的儿童精神科医生都能感到这种变化趋势。沈阳的中国医科大学心理科门诊的接待量每天都是饱和状态，很难挂到号。

以下摘自原文：

为什么越来越多的未成年人感到焦虑和抑郁？父母们尤其难以理解的一点是，相对于父辈、祖父辈，今天的孩子们物质世界丰富，生活环境平稳安定，没有遭遇过社会动荡和战争，他们为什么会受困于深刻的痛苦？是因为他们更加脆弱吗？调查显示，孩子的心理和精神状态与物质世界和生活环境的优劣并没有必然联系。美国心理学家玛德琳·勒文（Madeline Levine）通过研究发现，在家境富足的儿童和青少年中，心理健康有关的问题尤其高发。在富足的硅谷，有80%的高中生报告自己的焦虑程度正处于中度到重度的水平，同时有54%的普通高中生报告自己的抑郁程度也处于中度到重度的水平。

孩子的焦虑和抑郁为什么会成为时代的流行病？美国国家儿童医疗中心成员、临床神经心理学家威廉·斯蒂克斯鲁德（William Stixrud）在《自驱型成长》一书里提出了一种看法：因为新时代的生活削弱了孩子原本具备的压力应对机制。

当人类和其他所有哺乳动物感受到压力时，大脑中的杏仁核会让大脑进一步关闭负责理性思考的前额皮质，从而让个体对威胁回以本能反应。这个生理设置是为了应对偶然出现的危机，它能让远古的人类在遭遇猛兽的时候，关闭自己的思考，尽力地逃跑、对抗，甚至装死。人类并没有得到持续"开启"压力反应的能力。慢性压力会让杏仁核变得更大，反应更敏感，还会导致前额皮质持续紧张，结果就会让人变得更容易感受到压力感和焦虑感。当低龄人群经历高水平的压力和疲劳时，会越来越容易感到持续焦虑，于是导致大脑反复受到抑郁情绪影响。

斯蒂克斯鲁德指出，处于长期的慢性压力之中，恰恰是目前发生在世界各地许多孩子身上的事。制造这种慢性压力的并不是多么重大的危机，而是持续的失控感。

心理学家们早就发现，控制感是缓解压力的良药。

在今天，孩子们对自己的生活全方位地感到无力。斯蒂克斯鲁德指出，研究显示，就算孩子在一个领域中没有控制感，只要他们在另一个领域中能实打实地有控制感，他们就能更好地应对挑战。如果孩子在家里很自由，能选择自己的活动形式以及参与频率，那他们就能更好地专注于比较严苛的校内环境。"但我们常常看到这样的问题——孩子在任何地方都缺少控制感：在学校，他们被管得很严；而在家里，也是如此。随着社交媒体的崛起，孩子在社交上的控制感也越发缺失"。以爱之名，成人对孩子的控制可能无孔不入。

读到这里，不知你作何感想？

给孩子多一点时间、一点空间、一点掌控权、一点发呆的机会吧！不要再说为你好！

廷廷十岁画

26

和孩子谈论
有关生死的生命话题

前年初,《家有儿女》中父亲夏东海的饰演者高亚麟在综艺节目中谈及死亡时,内容令人泪奔。

高亚麟说:"父母是挡在我们和死神之间的一堵墙。"

他解释说:"父母在,比如说你今年三十,你不会琢磨,你六十你都不会想,因为你老觉得有一堵墙挡在你和死神面前,你看不到死神。父母一没,你直面死神。"

2018年二月初二那天,我的奶奶去世,我嘱咐女儿在家跟着爸爸和弟弟,我和小姨、姥姥、姥爷回老家料理后事。

七岁的廷廷对太姥姥"去世"这件事似懂非懂,但她知道肯定是一件大事。

等我们忙完丧事回到沈阳,我和女儿专门聊了聊"生死"话题。

"廷廷,你太姥姥去世了。"

"妈妈，去世怎么了？"

我告诉她，去世就意味着人死了，你以后永远也不会有机会再看到太姥姥了。

"其实妈妈像你这么大的时候也经历过老人去世，我的太姥爷，我的奶奶的爸爸，我当时和你现在一样，也没有什么感觉，我只记得吃过他的点心，看到他一个人躺在那儿，后来就不见了。"

"那妈妈，所有的人都会去世吗？"

"对啊。"

"哦。"

我们俩就这样结束了对话，她还没有形成"死亡"的概念，她回忆说，自己特别喜欢摸太姥姥的下巴，上面全是褶儿，她太姥姥也特别喜欢她。

那天吃完晚饭，她有点哭腔地跟我说："妈妈，我不希望我的姥姥、姥爷去世。"

我们一起看电影《寻梦环游记》，不知道她到底能看懂多少。

电影的灵感源于墨西哥亡灵节，人生死亡分为三个阶段：第一个阶段是我们在医院中被医院宣布死亡，这个死亡就是生理上的死亡。第二个阶段就是葬礼，这是代表自己个人身份的结束。第三阶段就是，在这个世界中当大家把你忘记的时候，这才是彻底的死亡与结束。

"妈妈，最后他们真的会在那个地方会合吗？"

"也许吧，也许有那么一个地方，所有曾经认识的人都会再相逢，但是谁知道呢，我们谁也没去过那边。"

女儿想了想，"是啊妈妈，去过的人都没回来"。

和当时六七岁的孩子聊生死也只能如此，活着的时候要好好过，好好珍惜，去了那边到底怎样，反正没有人知道了。

我奶奶（廷廷太姥姥）的去世，对我的触动远远大过于六年前爷爷的去世。爷爷走得并不突然，躺在床上不能活动，吃饭越来越少，最后在全家子女的陪伴下灯枯油尽，咽下了最后一口气。

他的去世家人都有心理准备，爷爷走了，我们就要更加好好照顾奶奶，只要奶奶还在，祖辈的那堵墙就没倒，一大家子还在。只要奶奶还在，我的爸爸每个月回老家也都有奔头。

然而 2018 年，奶奶也走了。

那天我在老宅的院子里站了很久，北方冬天的乡村，灰色的天空离人很近，像低垂的幕布。老宅的院墙外面环绕着几十棵树，叶子几乎掉光，光秃秃的树枝，并不荒凉，是萧瑟，每一根伸向天空的枝丫都能讲述一个关于北方的故事。作家野夫在作品里说："一个人的生与死，并非华丽的文字所能概括，其生存背景才是历史的领土。"一个家族的时代告别，童年记忆里的人一个个消失，也就代表你再也不是从前的你，你走到了人生的下一个阶段。

小时候爸爸妈妈工作忙，一放假我就被送回到爷爷奶奶家，小学时几乎漫长的寒假和暑假都在那个辽宁西部的小渔村度过。我熟悉夏天咸湿的海风，冬天冰冻三尺，浪花在退回大海的途中被冻在海滩上，形成像冰川一样的海面。我自觉直到今天，天南海北国内国外走了这么远，身上也始终有渔家姑娘的底色。我对爷爷奶奶的情感就像如今的廷廷对姥姥姥爷一样，小孩在隔辈的关系里总能获得更多的宽容。我对爷爷奶奶的记忆，也许就是廷廷和麟麟将来对姥姥姥爷的记忆。

在女儿更小的时候，奶奶每年能在我现在的家里住个把月，我们告诉她有什么好东西一定要记得要和太姥姥分享，那时候她会拿着水果、糖果、饼干到太姥姥的房间，和太姥姥一起吃。也经常把胖乎乎的小手伸到太姥姥装着糕点的小袋子里拿蛋糕吃。

太姥姥是大字不识一个的老太太，廷廷教太姥姥认字，太姥姥学得特别认真。那段日子，我给奶奶梳头，带奶奶和廷廷到奶奶小时候和她的父亲也就是我的太姥爷在沈阳生活过的小河沿一带去看荷花池。冬天的小河沿冰封河面，荷花肯定没有，但是残枝还在，廷廷和太姥姥合个影，顺便再坐一会冰车，奶奶坐在车里看我们，笑着，羡慕着。

奶奶去世后，老房子也要闲置了，那晚我第一次经历完整的中国式葬礼。我这时候才明白为何葬礼环节这样烦琐，里边包含着中国人的智慧和质朴的价值观 。

史铁生说过："死亡是一个必将到来的盛大节日。它终将到来，我们无从躲避。"

而我们也通过烦琐的仪式，让你哭、让你讲、让你追忆、让你释放，最后，把阶段性的人生做以截止，把对离开亲人的那种思念，固定下来。

去的人去了，活着的人还要好好生活。

林语堂曾把人的生命比成自然的四季，春夏秋冬代表着人生的不同内蕴，像自然之循环一样，人之生命也周而复始，在完成了其死亡时又重新开始新生。他说："自然的韵律有一道法则，由童年、青年到衰老和死亡，一直支配着我们的身体，优雅的老化含有一份美感。"

他还说："人生本是一场梦；我们正如划船在一个落日余晖反照的明朗的下午，沿着河划去；花不常开，月不常圆，人类生命也随着在动植物界的行列中永久向前走着，出生、长成、死亡，把空位让给别人。"

奶奶去世，父母的感触比我们都要深，我只能默默地祈祷他们身体健康。

人啊，怎么样都能过完一生，但结果远远比不上过程。最理想的是过程和结果都好，但多么不容易啊。 人的一生，追求着一个圆满，这就是活着的念想，所谓希望吧。

没有什么是不朽的，生命短暂，人在世间走一遭，通过对周遭事物的经历，不断去深化出对这个世界的理解。会更爱这个世界，更爱自己的父母、爱人、孩子和身边人。

就像蜉蝣和蚂蚱交朋友，蚂蚱说明天见，蜉蝣不知何为明天；蚂蚱和青蛙交朋友，青蛙要冬眠说明年见，蚂蚱不知何为明年……人类这种能活不到 3 万天的蜉蝣，怎么能够不珍惜每一天呢？

l i n k s

临江仙·送钱穆父

苏轼

一别都门三改火，天涯踏尽红尘。

依然一笑作春温。

无波真古井，有节是秋筠。

惆怅孤帆连夜发，送行淡月微云。

尊前不用翠眉颦。

人生如逆旅，我亦是行人。

微博语录　2015.5.14

　　回妈妈的老家过小长假，喂太姥姥吃药是你的专属待遇，准时严格专业有耐心。宝贝，你比妈妈强，小的时候妈妈也赶上过四世同堂，妈妈的奶奶也常带妈妈去看她爸爸也就是我太姥爷，可是，我只记得吃他老人家的苹果和蛋糕，别的啥也想不起来了。

廷廷十岁画

27

所谓的挫折教育
并不只是受"挫折"而已

现如今的娃们拥有人类历史上最优越的教育环境，也普遍承受着史上最强的压力，同时，最经常挂在教育者口头的一句话是："这孩子，太缺少挫折教育。"

前两年，上海一个 17 岁少年跳桥的新闻一度占据媒体头条。

今年，成都高中生跳楼事件一时又成为焦点。

之前看媒体报道的细节，上海那个跳桥少年是一个高二的学生，造成跳桥事故的导火索是该学生乘坐母亲的车从学校返家的途中与母亲发生口角，原因是母亲知道他在学校与同学发生矛盾后训了他。短短 5 秒钟，少年下了母亲的车，快速穿过马路跨过护栏一跃而下，母亲在后面紧追，为时已晚，120 赶到的时候，孩子已无生命迹象。

一个正在人生大好时光的少年就这样放弃了自己。

电视剧《奋斗》的开场也有这样一个令人难忘的镜头，强子因被学校处分无法获得学位证跳楼自杀。

不管是被家长训斥，或者是与同学吵架受到讥讽，甚至是学位证拿不到手，或者是失恋了，在当时看来天大的事，过了十年后都可能是一个令自己发笑的谈资，然而在那个刹那，人就是过不去心里那个坎儿。

一位从事儿童心理学教学的朋友和我说，教育的关键是让孩子知道面对问题和解决问题。因为人生就是不断地面对问题，解决问题。

除了生命教育之外，挫折教育是要让孩子知道，生命中顺利的时刻固然好，但是小挫折不断才是人生的常态，我们需要在挫折中汲取教训，吸收营养，让心灵之树长出更茁壮的枝干来。

这些年，经常有朗诵、演讲类比赛邀请我和同事们做评委。其中印象最深刻的一次是一个朗诵比赛的初赛，参赛同学分组选拔，每一组 10 个同学，家长跟孩子一起进场，家长坐在旁听席旁听，这样也能了解自己孩子的情况。即使是再小的比赛，对孩子来说也是大事儿，当然是有人欢喜有人忧，也有当场掉眼泪的小朋友，看起来让人心疼。那场比赛，有 5 位同学晋级，5 位同学被淘汰。评委老师尽可能做到客观、耐心地点评到每一个人，并鼓励孩子们继续努力。其中，一个十岁左右的男孩被淘汰了，孩子没说什么，坐在一旁的母亲先受不了了，大声质问评委，我的孩子表现得不是挺好的吗？凭什么被淘汰？我的儿子那么优秀，就不能给他一个机会吗？她越说越激动，下一场的孩子和家长都进入教室了，她还在为自己的孩子理论。最后工作人员在走廊里劝导她很长时间，人都散场了，她才走。而那个男孩子，就一直站在旁边，默默地看着这一切。

我对这个小男孩很同情，也对这对母子这一天的状况感到惋惜。一场小小的比赛，这次失败了，还有下一次，如果孩子真有兴趣，每年都会有很多机会，今年过了还有明年。很显然，这位母亲真正的痛点是不能接受自己的孩子"输"。为了推翻这个结果，她可以完全不在乎别人的眼光，也可以不在乎身边孩子的感受，因为她是为孩子好。如果能更理性些，心平气和些，对孩子而言，这是一次多么难得的"如何面对输"的实践课。我们在面对"赢"的教育上往往用力过猛，而对"输"的关注又太生硬草率。

廷廷的成长路上真的有很多次的"失败"，考试、比赛、游戏、社交……总要面对输赢就像硬币的两面，无法回避。通常，我们事后都会谈谈成败背后的原因，然后该干吗干吗。小时候，只要家长能正确看待所谓的"挫折"，孩子就能正确看待。

随着孩子一天天长大，只要家长能管控情绪，不夸大反应，不歇斯底里，孩子也就能更柔韧地面对成长中的坎坷。

　　那么，在挫折面前，家长从容淡定就可以了吗？当然还不够。不过分纠结于结果，不意味着对一切竞争都可以持"无所谓"的态度，那样有可能走向另一个极端，让孩子觉得，反正我爸爸妈妈都不在乎结果，我也就无所谓。

　　在树立目标的时候客观，在过程中努力，面对结果的时候才可以更坦然。然后不要忘了和孩子一起复盘，找找得与失的关键点在哪里，总结经验，继续前进。

　　挫折教育不完全等同于吃苦教育，挫折教育是触摸真实生活的"粗粝"，打磨出品性中的坚韧。这种坚韧，从幼儿起扎根，会随着孩子长大，成为他生命中难能可贵的品质。

　　当然也有"跑偏"时刻。我的一个同学一家生活在北京，同学的妈妈群里经常因为教育的话题吵得热火朝天。一天，这个同学说，她给她家6岁的女儿在网上报了一个画画的兴趣班，昨天上了第一堂课，国画，学习画虾。同时上课的有五个小朋友，画完后老师让大家自愿在摄像头前展示。她的女儿刚要展示，她就说："你可别丢人了！"我们很诧异，为什么呢？她说："我可烦那种事事都使劲夸孩子的家长了，好像就他们家孩子高人一等似的，听不得一句批评。我家孩子可不能这样，我得给她挫折教育，让她知道人外有人，天外有天！"

唉！她是这么理解挫折教育的。

还有一个朋友，他是这么理解"挫折教育"——运动！比赛！他认为现代的孩子被保护得太好了，没啥挫折，所以得制造挫折。他家的小朋友打网球、学篮球，一个锻炼个人意志，一个磨炼团队合作，尽可能打比赛，在竞争中体验挫折。

我理解的"挫折"是它在生活中无处不在。学业、技能、人际交往、突发事件……处处有挫折，而且经常不期而遇。

挫折教育的根本是"支撑"，建立起孩子内心世界的雨棚。

孩子在蜜罐中长大，担心孩子没有坚毅的品格也成了现代父母的共同心病。于是有人想是不是可以把孩子送到贫苦的地方去锻炼？有人想是不是也让孩子早早地做家务赚钱或者寒暑假出去打工？也有人想通过极为严厉的教育方式磨炼孩子的意志……

《发展心理学》上曾经有一篇论文提到了孩子的敏感程度量表，在更了解孩子的前提下，有针对性地培养孩子的抗挫折能力。

英国研究者 Michael Pluess 和同事们在《发展心理学》（Developmental Psychology）上发表了一项新研究，他们开发了一套量表，叫"高敏感孩子量表"（Highly Sensitive Child scale）。在 3581 个 8—19 岁的儿童身上测试结果显示，量表效果不错，能测出孩子的不同禀性。这套自评量表一共 12 题，主要针对三个方面——

一、审美敏感（Aesthetic Sensitivity）

对环境敏感的人更容易被"美"打动，比如被音乐、画作深深感动。

1. 有些音乐能让我非常快乐。

2. 我非常喜欢美味。

3. 我非常喜欢香气。

4. 周围环境略有细微变化，我就会注意到。

二、感受过载（Low Sensory Threshold）

对环境敏感的人更受不了讨厌的外部刺激。没人喜欢强光、噪音，但敏感的人则是几乎无法忍受。

5. 我不喜欢看有很多暴力镜头的电视节目。

6. 我不喜欢生活出现变动。

7. 大声噪音会让我感觉浑身不适。

8. 我不喜欢噪音。

三、需求处理（Ease of Excitation）

对环境敏感的人更难以承受同时出现许多内外要求，比如待办事项、生理需要，等等。

9.如果同时有许多事在进行，我会觉得很不高兴。

10.如果别人想要我一次做一大堆事情，我会被惹恼。

11.当我必须在短时间内完成许多事，我会紧张。

12.当有人看着我时，我就会紧张。这会让我表现失常，不如无人注视时做得好。

对一个孩子来说，如果以上许多题的答案都是"这就是我！"那么这孩子妥妥地是对环境高敏感型了。大概有20%—35%的孩子是高敏感，他们是"兰花"，在好环境里可以开出特别美丽的花朵，在恶劣环境里则会长得一塌糊涂。

如果以上许多题的答案都是"我才不是这样！"那么这孩子是对环境低敏感型。大概有25%—35%的孩子属于低敏感，也就是"蒲公英"，他们拥有这种杂草的顽强生命力，在恶劣的环境里也能长个八九不离十，在好环境里……也还是差不多长那样。

另外，还有41%—47%孩子属于中等敏感，他们就是"郁金香"，对环境的敏感度介于兰花与蒲公英之间。

有项研究和这篇论文不谋而合，大意是说研究者在国外某军校里找了一万个学生作为样本，然后观察分析，最后研究者发现一个现象，一个人的认知能力和毅力呈负相关，即一个人很难同时具备聪明和坚韧这两种品质。比如说目前学界就有个理论，叫兰花蒲公英理论，大意是说，有些人的神经系统敏锐，仿佛郁金香一样，对外界环境敏感，脑子也快，当他们处于优越的环境中时，就更有可能做出非凡的成绩，但一旦逆境来袭，也更容易崩溃，并且罹患精神疾病。而有些人则对外部环境较为迟钝，仿佛蒲公英，虽然他们学习知识的效率比不上前者，可是非常坚韧，面对挫折和坎坷时也能稳住阵脚，心平气和。

这个结论当然不能覆盖到每一个人的身上，但是可以作为一种理论参考，重点在于我们要在更了解孩子的前提下，有针对性地培养孩子，包括抗挫折能力。

无论用什么样的方式，要让孩子知道——

1. 你是有用的人，每一个人都是与众不同的有用的人。
2. 自己是最可靠的依靠。
3. 没有人可以不经历失败而长大，我不会过分地保护你。
4. 失败是营养，想着嚼一嚼，别随便就扔了。
5. 父母的爱无条件，是不以你的成绩或成就来衡量的。
6. 家庭永远是敞开怀抱欢迎你的，外面受了苦受了委屈，可以回家。
7. 这个世界，不是错过了一个路口就到达不了终点，大路小路都是路。

8. 你有擅长的，就一定有不擅长的，换而言之，你有不擅长的，也一定有擅长的，人靠擅长而活着。

9. 每个人活得都不容易，换位思考，凡事不必极端。

10. 希望孩子你能够学会求助。

再联想到新闻报道中那些选择在大好年华结束了生命的少年，无限惋惜，无比遗憾。近年来，青少年自杀的悲剧频频发生，导火索往往是表面上看是微不足道的小事。孩子有自杀的念头，很多父母是不知道的，越是亲子冲突严重的家庭，这种风险越高。

试想一下，如果一个少年能深深感受到父母的爱和支撑，他的雨棚没有坍塌，或许在遭遇成长路上的诸多坎坷心路的时候，他们能做出别样的选择。再退一步说，当这个孩子面对压力时，如果他能有父母以外的人可以倾诉，或许悲剧也不会发生。找不到出口的时候，才给悲剧以发生的可能啊……

28

父亲陪伴的意义 VS
丧偶式、诈尸式育儿

段子飞速迭代，让人应接不暇。琢磨起来，有些网络段子真是形容得太贴切了。

最近的段子是人们把丧偶式育儿，当妈式择偶，保姆式妻子，守寡式婚姻并称为中国女人四大"不幸"。

丧偶式育儿，指的是很多中国妈妈背后都站着一位缺位的隐形爸爸。所谓"父爱如山"，意思就是做父亲的像座山似的，叫不醒、喊不动、指不上。

诈尸式育儿，是指父亲在家庭教育中经常缺位，却又偶尔在某些看不惯的事情上指责孩子和妈妈。但在不了解前因后果的情况下，这种武断的指责会给孩子和妈妈都带来更大痛苦。

比起丧偶式育儿，诈尸式育儿更不可接受。丧偶式育儿大多发生在孩子0—2岁时，这时候，宝爸多数名存实亡（不全面，别杠），虽然孩子妈妈累了些，但至少没人束手束脚。

伴随孩子长大，有了交流，诈尸式的育儿家长就出现了，大多数是爸爸自认为已经掌握了某些先进的育儿理念，看不惯妈妈的手法，插手到对孩子的教育中，与宝妈产生观念冲突，造成山有二虎，各不相容的场面，使得带娃之路更为艰难。

卧谈会那节我提到过廷廷一年级暑假我们一家在旅行中的一件小事。廷廷在逛博物馆后非要和弟弟争坐小推车，天气特别热，她坐了推车我们就要抱着弟弟走很远到停车场，而这车她平时根本不稀罕，偏偏这个时候非坐不可。这时候爸爸就很生气。

对爸爸来说，一个小学一年级的孩子应该懂事了，应该会体谅父母了，至少应该会察言观色（他想多了哈），"毕竟在我这么大的时候，都会做饭了"。于是劈头盖脸批评了孩子一番，顺便内心应该也怪我这个当妈妈的没有教育好孩子吧（我猜的哈）。

平时爸爸很少说女儿，和颜悦色百求百应的爸爸成了批评她的主力，她就特别难受，伤心地哭了起来。

回家后爸爸也没给她什么好脸色，也告诉我不能一直惯着孩子。他最怕自己的孩子成为一个情商低的孩子，我没有和他再多说什么，建议他晚上放平情绪和孩子再聊聊。

其实那天我也有点生气，心想，这可以作为丧偶式诈尸育儿的一枚案例了。我对先生说，如果你不去好好地和女儿谈谈，她会一辈子记得 6 岁这年逛博物馆的不开心。

晚上，情绪不高的廷廷被爸爸邀请一起在我们的大床上聊聊天。我没有去听他们聊了什么，他们聊了一个多小时，最后，女儿开开心心地下楼来，轻松的表情说明他们谈得还不错。

用一句不太恰当的话，"灾难给美德以机会"，孩子犯错或者和家长之间有冲突没关系，暴露问题才能给解决问题提供可能。

在这种偶有的波澜面前，一个妈妈反而更要管理好自己的情绪，不做间接"离间人心"的唆使人，少跟孩子抱怨另一半，要给另一半和孩子搭建亲密沟通的阶梯。

（一）我爸爸的特长是做红烧排骨

有一次和廷廷聊天，她给家里人在她的心目中排序，第一肯定是妈妈。

"那爸爸呢？"

她想了想，"那就爸爸妈妈都第一"。

女儿二年级时学校组织 4×100 米接力赛，家长的成绩也要合计到成绩里，家长根据各自强项推选出四人，有小泰的爸爸，有谁的妈妈来着，表现最坚强的是卡卡的妈妈，她原来是专业运动员，平时跑个十公里跟玩似的，结果当天最后一百米被石头绊倒飞扑出去，坚持着蹦到终点。

回家的路上，廷廷对卡卡的妈妈是肃然起敬，还问我，妈妈你怎么没报名运动会啊？

我说每个家长都要做自己擅长的事，妈妈不擅长跑步，有那么多高手妈妈我就不用上场了，当啦啦队员给你们加油不好吗？

我也想借机看看孩子爸爸在她心目中的地位，就问她："你觉得哪个家长最厉害啊？"她想了想说，小泰爸爸最厉害，跑得跟飞似的一下就领先了，太厉害啦。

我的话题开始转移到她爸爸。

"那你觉得你爸爸怎么样啊？"

"我觉得我爸爸跑步肯定不行，但是我爸爸也有厉害的地方。"

她开始挨个念叨："我爸爸上班厉害，什么都能给我买，我爸爸会做饭，他做的红烧鱼、红烧排骨都特别好吃，也不是所有男的都会做饭对吧？"补充的这句把我逗笑了，没想到她还能注意到这个。

"还有吗？"

她又想了想，说："爸爸还能陪我玩，跟我一起唱堂会（在家里假装搭台唱戏的游戏）、打水仗、扔鞋子。跟我爸爸玩的时候特别开心。妈妈记不记得有一次，爸爸和我一起玩宝剑，我们俩用纸巾把脸蒙上，就露两个眼睛的孔，对打，哈哈哈哈哈哈哈。"

要论带孩子的时间，我先生肯定没有我多，尤其是在孩子小的时候，但是他陪孩子玩的那些事儿，是与我完全不同、无法取代的。现在二宝麟麟一天天长大，他们的父子游戏也每天都在继续，更皮、更疯、更有趣。不知道有一天他长大了，回忆起小时候自己的爸爸，能记得的是什么呢？

孩子能记得的一件件小事，像人生里的糖，一点点甜，一点点咸串成了她对父亲肖像的素描，一个个记忆的点。

廷廷那天的点评欲很旺盛，她把家庭成员挨个点评了一遍。

姥爷：什么都听我的，什么都不如我，崇拜我。

姥姥：总爱考我生字，太严厉，错了还批评我。但姥姥给我做好吃的，能陪我做手工，一本一本地给我念书。做手工的时候，姥姥是最有耐心的人。

弟弟：优点是崇拜我（这是优点，哈哈），陪我玩，缺点是抢我东西玩，还抢妈妈。当然，有这个人比没有强多了。

爸爸：刚才说过啦，陪我玩。

妈妈：最理解我。

你爱他们吗？

当然啦！都爱。

微博语录　2020.8.5

　　傍晚，一家人去看荷花。天上地下的，麟麟连连提问，爸爸强编乱造企图蒙混过关。廷廷实在听不下去了，说："爸爸，你简直就是一本盗版教材！"

（二）家长无需完美 但求尽心尽力

养育孩子很花时间，有人把做家务和照顾孩子比喻成是西西弗斯的命运，希腊神话里的西西弗斯每天早上推着石头上山，然后好不容易要到达山顶，晚上又滚了下来，就这样周而复始的。

养育孩子也是这样的无休止任务，所以父母高质量的陪伴很重要。

孩子爸爸的工作虽然忙，但好在比较有弹性，工作基本不带回家。所以对廷廷和麟麟的要求几乎是有求必应，她爸爸特别喜欢下围棋，哪怕下到一半，只要孩子们说爸爸快来陪我们，孩子爸爸也能扔下围棋过去，当然不知道网络上的另一位棋手会做何反响了，就当是他下不过对方，弃局而逃了吧。

尽管他是"有求必应型"的爸爸，但是有些事是他应付不了的，比如——写作业。主要是在低年级的时候，爸爸陪写作业太让人不放心。

他陪廷廷写作业时过程特别和谐，速度飞快，因为孩子爸爸恨不得帮她写完。

有一天我有工作回家比较晚，中途先生发微信给我说孩子作业写完了。我纳闷怎么这么快，回家一检查，造句啊什么的语言还特别连贯。我说："今天女儿的作业质量不错啊，以后还是得你来啊！"先生苦笑着说："这是我一句一句教的，哪是她写的啊，相当于我写了一篇日记，还得模仿她。"

我心里默默地想，下回还得是我来辅导作业，不能交给爸爸，太耽误事儿。

当然就像您前面读到的，到了三年级，廷廷已经不需要我们再看着写作业了，回忆起爸爸陪写作业，满心满脸都是笑："妈妈呀，爸爸太没原则了。我说不会，他就帮我，哈哈。"我转念一想，谁能说这不是一种幸福呢？

转眼麟麟也上幼儿园了，廷廷已经五年级了，爸爸从送一个上学到送两个上学。尽管有校车，但他还是坚持自己送他们。在先生看来，车厢里的时光是非常宝贵的，无论是吵吵闹闹、有说有笑，还是默不作声，都是这个年龄才有的宝贵之处。有一天，孩子大了，可能就真的不需要他送了。而我呢，每天早晨 7:30—9:30 的广播节目直播，伴随着沈阳和周边的城市里无数人车厢内的早高峰，也用这样的方式陪伴着我的家人和孩子。我常对听众和自己说，无论什么样的天气出门，一定记得带上心里的阳光。

父爱无言，父爱如山。

六岁的时候，有一次廷廷因为对人说话没礼貌被我批评了。她很不开心，说："整天礼貌礼貌的，我真想换一个妈妈啊！"

我说："可以呀，如果实在特别想换妈妈，你问问你们班同学有没有想跟你交换的。你同意他同意，我也可以呀。只是，如果妈妈给别人讲故事、安慰别人、陪别人玩的时候，你会不会嫉妒呀？"

她想了想说："会，但是还是想换个妈妈。"

这时候我必须找个平时表现比我差的队友来衬托我的母爱哈哈。

我又问："那你想不想换走爸爸呀？"

她立刻说："我最不想换掉的就是爸爸了。"

看到这儿，爸爸可以欣慰地笑了。

在我眼中那个不会陪做作业，带娃时间远远不如我的孩子爸爸就这么轻松打败了我。

其实我听后挺开心的，跟我先生分享这事，他特别得意。

廷廷在那天晚上的卧谈会憋不住地说，妈妈呀，今天我说换妈妈不是真的，就是当时生气了，我谁也舍不得换。

事后我想，孩子爸爸陪她的时间相对少，事无巨细的生活琐事也不是他做的，经常和孩子交心的也不是他，但为什么孩子会要换妈妈而不是换爸爸呢？

我的答案是：因为父亲的存在是一种不可替代的存在。父亲的存在给孩子带来的安全感、稳定感，是山一样的支撑，是任何人不能够代替的。如果有一个心态健康的宽容的父亲，他无为而治都能赢。

所以真不必纠结于到底谁陪孩子多谁带孩子少，良性的家庭育儿过程一定是大家在各自的角色上起到各自的作用，互为补充、互相体谅，绝不能单纯地用陪伴时间或者某一项内容作为卡尺来衡量。

曾经读过一篇网文《我就是"丧偶式育儿"的那个爸爸（一位爸爸的自述）》，提到孩子妈妈不满意的点包括不好好陪孩子做作业、不好好管孩子，这位爸爸说，其实父亲的角色通常会倾向于放养孩子。但这位爸爸在文章后期还是做了一些改变，陪孩子的时间更多一些，选择自己专长的课程与孩子分享。

最难得的总是认知，认知到了，意识到了做父母的大都可以做出合适的调整，只因为我们是孩子们爱着的父母，深爱着自己的孩子。

29

为人父母时
我们说过的那些蠢话

1. 笨死了！你怎么这么笨啊？

2. 我现在忙，再说吧。

3. 你能不能快点！磨磨蹭蹭的，随谁？

4. 别说了，我看你就是……

5. 我说不行就是不行！

6. 你爱怎样就怎样吧，没人管得了你。

7. 你瞧人家谁谁谁……

8. 我看你就这样了，多大你都没出息。

9. 整天净研究那些没用的，你看看正经书。

10. 凭什么人家就不带你玩（之类的），我看还是你有问题。

有些话是否可以尝试换种方式表达？

1. 一起来看看这里为什么不会吧。

2. 这个问题容妈妈（爸爸）再好好想一想。

3. 10分钟内争取搞定，怎么样？尝试一下。

4. 这件事，说说你当时是怎么想的吧。

5. 现在先不讨论了，时间来不及了，先做完咱们再慢慢说。

6. 我们都冷静一会儿，你也心平气和地想想爸妈为什么这么说。

7. 每个人都有自己擅长的，不用拿自己的短处跟别人比。

8. 爸爸妈妈相信你。

9. 做你喜欢的事可以，前提是先完成你的任务。

10. 能说说当时的具体情况吗？

30

不要只做孩子生理意义上的父母，
更要不断地自我成长更新

　　最近这段时间一个朋友有点烦躁，说起这个，主要还是因为父母拒绝接受新事物，不管是他买来的日用品，或是推荐的新菜，更别提手把手教他们如何用软件打车了。他们只会告诉孩子多穿衣服，注意身体。朋友说："我要是有了孩子，第一就是监督自己千万别变成这样的父母。"

　　这不禁让我想起多年前看到的一篇短文，这篇《儿子眼中的父亲》的有趣文章描述了父亲这个形象在儿子心目中几十年间的变化。

　　七岁的时候："爸爸是个伟大的人，他什么都知道。"

　　十四岁的时候："好像爸爸有时候也犯错误。"

　　二十岁的时候："老爸的思想已经过时了。"

　　二十五岁的时候："老爸什么都不懂。"

　　三十五岁的时候："如果爸爸当年有我现在这么聪明，他早就成为百万富翁了。"

四十五岁的时候："我不知道是否应该和父亲商量一下这件事，也许他会给我一些建议。"

五十五岁的时候："很遗憾，父亲已经去世了。坦率地讲，他的有些主意的确不错。"

六十岁的时候："我亲爱的爸爸，你是一个几乎无所不知的人，只可惜我太迟认识到这一点。"

从社会发展角度来看，生活日新月异，很多孩子会拥有超越自己父辈的眼界、见识和成就，这就形成了孩子成年后对父母的某种"鄙视"或者温和一点说"不放心"，认为他们见识不够，生活方式陈旧，无法给孩子的工作和生活提供建设性意见。

然而，人人都要变老，体会生命四季。我时常提醒自己，千万不要只做孩子生理意义上的父母，要不断自我成长，和孩子一起成长，不论生活还是工作或其他。希望我们即使到了老年，也能够和自己的孩子对话，不是拖住生活后腿的那个人。

孩子从父母身上继承了两套基因，一是生理基因，二是社会学意义上的基因。父母自己做不到的，想要孩子做到，往往很难。如果家长没有提供超越自身的帮助，那么多数孩子自然会遵循社会学上的基因，思维、行事风格和父母越来越靠近。

所以再回头看文首的那篇短文，是否心有戚戚？

当然，孩子的成长不易，父母又谈何容易呢？

在微博上看到一位父亲感慨说："站在雨中，反思着过往的点点滴滴，我真的不知道作为一个父亲我到底哪里做错了，造成了现在这样不要读书的儿子，我也是第一次做父亲，我也没有经验，作为一个父亲我真的很失败，我不知道该怎么办，我不知道该怎么做，子不教，父之过。天啊，告诉我，怎么做才是个好父亲啊。我真的不会啊！"

电影《银河补习班》里也有相似的一幕，邓超饰演的父亲朝着自己的儿子怒吼，当他发现自己错怪了儿子后，找到儿子道歉说："对不起，我也是第一次当父亲。"

还想起一部电视剧，豆瓣评分 9.7 的神片《请回答 1988》。剧中二女儿成德善的一次情绪爆发是姐姐成宝拉的生日，德善刚刚被告知自己无缘参加奥运会的开幕式，垂头丧气地回到家中，正是姐姐的生日。只比姐姐生日晚三天的德善，每年只能和姐姐一起过生日，这让她当场崩溃，并痛诉自己的苦闷。

之后便是奥运会，开幕式结束后，德善回家的路上看到了一直在巷口等待她的父亲。

父亲在巷子口的长凳上和德善进行了一番交谈，这段情节成为无数人的催泪弹。

"爸爸妈妈对不住你，是因为不知道对老大要好好教导，对老二要好好关心，对老小要教他好好做人，爸爸我也不是一生下来就是爸爸，爸爸也是头一次当爸爸，我女儿稍微体谅一下。"

"最终消除隔阂的，不是无所不知的脑袋，而是手拉手，坚决不放手的那颗心。"

正在阅读这本书的年轻父母们，身为儿女，你又是如何评价自己的父母的？你的父母是新潮老人还是保守父母呢？如果你刚好是我的同龄人，我们的父母们经历了物资匮乏时期，经历了动荡时期，这些经历都融入生命成了他们的生活经验。

同理，我们经历的时代和孩子们也不同，如果不更新认知，不与时俱进，将来孩子看我们应该和今天我们看父母无二吧，无话可说时最尴尬哈。将来我们有多渴望被自己的孩子理解，今天也就要多么宽容地理解我们的父母。

延伸到职场和婚姻当中，作为多重角色的融合体，我们是别人的朋友、恋人、妻子或者丈夫、团队的领队或者员工、陌生人的陌生人……我们会经历很多相遇，在这个过程中会有很多人掉队，会有很多新的角色加入进来，希望不得已掉队的不是我们，如果某个角色有所改变，那是基于内心做出的选择。

就在修改这篇稿子的今天，我在早晨的直播节目中分享了一条新闻：英国伦敦大学学院近日发布了一项关于幸福感的研究结果。自 2002 年起，研究人员对 8000 名英国人进行了长达 15 年的跟踪调查。结果显示，决断力、自控力、乐观的心态、稳定的情绪、自觉性是获得幸福的 5 大法宝。在被调查人员中，至少具备以上特质其中 4 项的人更为富有、身体及精神状态更好、社交圈也更广。与之相反，具备不足 2 项特质的人则更孤独、精神状态不佳，患慢性病的情况更多。

没有谁的人生是容易的，这要看我们如何看待人生。

意识到如果把人生看做一条河流，路过山川、路过日月、路过森林大海和晨曦夜幕，拥有过却都无法带走，或许我们对很多事情会看得开阔些。

尽人事、听天命、护善念。

一起成长吧！

附赠

一名儿科医生写给新手父母的话

石永言，医学博士，中国医科大学附属盛京医院小儿内科副教授，副主任医师，硕士研究生导师。

2010 年毕业于中国医科大学七年制儿科系，2013 年 7 月至 2014 年 8 月盛京医院公派赴美国芝加哥大学医学中心留学。擅长新生儿感染和极 / 超低出生体重儿的救治等。主要科研方向：新生儿感染与坏死性小肠结肠炎的基础与临床研究。

学会任职

中华医学会围产医学分会青年委员

中国医药教育协会新生儿专业委员会委员

辽宁省生命科学学会儿童健康管理专业青年委员会副主任委员

辽宁省医学会儿科学分会急救学组委员

辽宁省细胞生物学学会儿童疾病康复专业委员会理事

辽宁省新生儿院感防控专家组成员兼秘书

辽宁省新冠肺炎防控新生儿科专家组成员兼秘书

认识阿宝的时候我刚研究生毕业，留在盛京医院工作，正式成为一名儿科医生。一晃十年过去了，我也成了两个孩子的父亲，有了孩子之后，对这份职业的感悟也比以前更深些。记得 6 年前刚从美国回来那会儿，阿宝就跟我说让我写一些儿科方面的科普知识，因为我的一拖再拖，直至今日才勉强完成，算我作为一名儿科医生写给广大新手父母的几点建议吧。

小孩最常出现的症状就是发热了，每个孩子在上小学之前都得烧几回，家长们甚至觉得孩子的成长就是伴随着一次又一次的发烧。首先我们要从两方面认识发热：首先，发热本身可引起心率增快、呼吸急促、寒战和手脚凉等，是人体的正常反应，体温控制后上述情况好转；再者，最主要寻找引起发热的原因：婴幼儿多数为呼吸道或消化道感染，且多为病毒感染所致。我们不要以发热的程度来判断疾病的轻重，而应以呼吸道或消化道症状的轻重以及孩子的全身状态进行病情的初步判断。

很多家长都有一个疑问：发热会烧坏肺部和大脑吗？发热属于症状，不属于原因，没有原发问题，不可能发热，极少部分婴幼儿会在发热时出现抽搐，也叫热性惊厥，多数不会对大脑造成损伤。若是感染性脑炎引起的脑部损伤，那就不是发热引起的，而是侵入大脑的病菌所致；同理，肺炎也是侵入肺部的病菌所致，而不是发热引起的。

那么，如何退烧呢？

1. 尽量让孩子多饮温水，勤测体温（以水银体温计测量腋下 5 分钟为宜，电子体温枪受部位等因素影响，波动很大，一般不建议作为参考标准，除非是极不配合的孩子）。

2. 物理降温：可以外用退热贴，温水适当擦拭（千万不要用酒精擦拭），有时候洗个热水澡也是可以的，主要还是以孩子舒适为主。

3. 超过 38.5℃（孩子若状态较好，可在 38.8℃—39℃再用退热药）可以口服美林（布洛芬）或百服宁 / 泰诺林（对乙酰氨基酚）退烧。

4. 退热药的使用需严格参照说明书，不可过量，一般间隔 6—8 小时，至少间隔 4 小时，24 小时内不超过 4 次。

5. 孩子处在体温上升期，手脚凉、寒战，可以适当保温，体温升高之后，手脚热，身上出汗，适当散热，此时不宜过分捂着。

6. 急性期发热的特点往往就是高热不退，这个时候打退热针的退热效果也不理想，一定要多饮温水，保证水分充足很重要。如果孩子持续高热不退（体温始终在 39℃—40℃以上数小时）、状态不好或任何情况下发热超过 5 天，建议去医院就诊进行进一步的检查化验。

这里需要澄清一下朋友圈里的几个传言：

1."美林杀死白细胞"：美林是国内外公认的退热药，没有"杀死白细胞"一说。因为大部分孩子的发热都是病毒感染，此时血常规化验往往出现白细胞降低，可能被家长们误以为是"美林杀死白细胞"而导致的白细胞降低。

2."吃退热药不易于出疹子"：1岁左右的孩子，很多会在烧退后出现"幼儿急疹"，很多家长认为孩子吃退热药后，疹子就不出来了，导致往往高热至39℃—40℃仍不使用退热药的情况。"幼儿急疹"在出疹前往往没有特殊表现，所以该给的退热措施还得给，也不存在"吃退热药后疹子发不出来"这种情况。

3."打点滴就得退烧"：打点滴主要是抗生素，一般是头孢类或红霉素/阿奇霉素类，主要作用是抗感染消炎，不能指望打上点滴以后，体温即刻降至正常，炎症的消退必须有个过程，等炎症控制以后，体温才会最终恢复正常。

说到这里，有必要提一下"幼儿急疹"，这也是大部分家长比较关心的一个热门话题。家长群里一提到"幼儿急疹"就会引起共鸣，甚至很多家长在孩子发热的时候，期望可以尽快"出疹子"，那样就会有种心中的一块石头终于落了地的感觉。幼儿急疹是婴幼儿常见的一种急性发热发疹性疾病，由人类疱疹病毒6、7型感染引起，其特点往往是先发热3—5天，然后体温迅速降至正常，皮肤开始出现玫瑰红色斑丘疹，持续1—3

天，愈后较好。此病就是一种病毒感染，只因特殊过程才有这个特殊的称呼，不一定每个孩子都得，也有一些孩子会得一次以上，至于是否得过此病也没什么特殊的意义。而与之对应的常见感染性出疹有：水痘（发热1天左右出疹）、猩红热（发热2天左右出疹）、麻疹（发热4天左右出疹）等都是发热时出疹。对于"热退疹出"的现象首先考虑幼儿急疹，而发热伴出疹可能为某种传染性疾病，需要专业医生来判断。有的孩子是药疹，一般都有明确的用药史。

另一个经常出现的症状就是感冒，流鼻涕、打喷嚏类的感冒症状可自愈，不建议常规使用各种感冒药，有的可能过敏，有的还会对肝脏造成损伤。建议给孩子多喝温水，好好休息，一般1周左右可自愈。如果孩子出现咳嗽较重，痰多或者发烧等情况，需要上医院就诊。

每年的夏秋之际易流行"手足口病"和"疱疹性咽峡炎"。手足口病让家长们都有一种谈之色变的感觉。手足口病是一种由肠道病毒引起的急性发热出疹性传染病，根据名字可知一般以手、足、口等部分的散发性皮疹和疱疹为主。绝大多数患儿都是轻症，愈后良好，偶有重症可能留有不同程度的后遗症，一般不要为患手足口病而过于惊慌。患该病时，家长需密切关注孩子的一般状况：若出现持续高热不退、精神状况差等情况，家长应及时带孩子就诊。手足口病有一个孪生兄弟叫疱疹性咽峡炎，它也是由肠道病毒引起的以急性发热和咽峡部疱疹溃疡为特征的急性传染性咽峡炎，如果一个孩子持续发热，出现咽痛，检查咽部，发现咽峡部有一个或数个散在的黏膜小疱疹和浅表溃疡。此病为自限性疾病，一般病程1周左右，但得病的患儿也比较遭罪，会在一段时间口腔疱疹破溃出血结痂疼痛而进食水比较困难，家长得耐心做好护理和饮食调整。

急性喉炎需引起家长们的重视，主要是由于小儿免疫功能低下，小儿声门下区域黏膜组织疏松，淋巴管丰富，有炎症时黏膜和黏膜下极易发生水肿，婴幼儿喉腔狭小，喉软骨缺乏支撑，咳嗽功能较差，神经敏感，受到刺激后容易引起喉部痉挛而发生喉阻塞，严重影响通气，如抢救不当可威胁生命，所以急性喉炎属儿科急症，应尽快就诊处理。症状多于夜间出现，来势凶猛，以剧烈痉挛性咳嗽为表现，表现为"空空的犬吠样咳嗽"；就诊途中尽量让孩子吸入凉空气可部分缓解症状，利于呼吸通畅；如果病情危重，应立即就近医院而不建议舍近求远非得跑去大医院就医，治疗一般采用短期激素治疗（肌注或雾化）。

下面谈一谈咳嗽，咳嗽是人体的一种保护性措施，促进呼吸道痰液等分泌物的排出；孩子患支气管炎或肺炎的一段时间内会有反复咳嗽症状。咳嗽不影响睡眠的话，尤其是痰多时，不建议吃一些强力止咳类药物，那样不利于痰液及呼吸道分泌物的排出。多喝温水，勤帮助孩子叩背排痰是很有必要的。而对于一些长期慢性咳嗽，常表现为睡前、晨起或凌晨出现咳嗽，尤其以干咳为主，没有痰或少痰，持续时间较长，一两个月，长期使用抗生素治疗无效，跟季节温差变化或食物或接触某些特殊东西等有一定的关系；需注意咳嗽变异性哮喘，需要专科就诊，不可盲目用药。

小儿的胃肠道症状也时有发生，如呕吐、腹泻等。对于呕吐或腹泻的孩子，应慢慢喂，少量多次，清淡饮食，多进水分（最好配合口服补液盐喝，可以补充丢失的离子成分），如果吃得少、尿少，走路没劲，孩子状态不好，可能需要点滴来补充液体和纠正离子紊乱。家里可以常备一些益生菌和止泻类药物（如思密达）。使用抗生素需慎重，不要因为化验大便有几个白细胞就使用抗生素，只有非常严重的细菌性肠炎时，才考虑使用抗生素。腹泻的孩子，持续时间较长，可能会有暂时性乳糖不耐受，此时可以短期选用没有乳糖的奶粉过渡1—2周。

很多学龄前儿童会出现腹痛，大多数孩子的腹痛部位在脐周，多数为肠系膜淋巴结炎，好发于冬春季节，常继发于上感或胃肠炎，表现为脐周稀稀拉拉的疼痛不适感，可自行缓解，没有什么特效药，大多随年龄增长而逐渐缓解。饮食上注意忌吃生凉辣等刺激性食物，注意保暖，避免感冒，不建议常规使用头孢类药物消炎。如果孩子出现剧烈腹痛，伴有发烧，或者出现长时间不排便或者呕吐等情况，需要立即就诊。同时，还需要注意一些真正的外科疾病，比较严重，耽误不得。如肠套叠，一般表现为间歇性腹痛，较重，不易缓解，常伴有呕吐，部分孩子可出现便血，需立即就诊；阑尾炎常表现为腹痛、呕吐、发烧三种，腹痛常以右下腹明显。

以上内容乃我概略之言，若能对各位新手父母帮助一二，也就达到目的了。病种虽少，变数千万，若一一详解，极易使无医疗背景的读者迷惑，在此请专业老师及读者切勿追究。

儿科医生的孩子既是幸福的，也是不幸的。幸福的是"近水楼台先得月"，平时的小病小灾少遭罪；不幸的是，我和孩子妈妈平时工作太繁忙，陪他们的时间太少；有时他俩在等我们下班时睡着，一觉醒来，爸妈又上班去了；片刻的陪伴往往也是身心俱疲而应付了事，好在孩子们都很理解我们，或者他俩也没得选，呵呵。

以下的几句话是写给我的两个孩子的，留言于此，作一纪念。

1. 没有哪个原生家庭是完美的，所以你既无需妄自菲薄，也没必要自鸣得意。

2. 好父母各有各的优点，有的事业有成，有的美丽动人，有的多才多艺，有的温柔贤惠；你有一对好父母，当然，别人也有。

3. 你自己永远是自己的唯一主人，不要把自己的失意和失败归罪于外界因素。

4. 聪明和帅气是上帝赋予你的，相比起这些，我更看重你们的自律、勤奋、热情、勇敢等后天习得的优秀品质。

5. 要相信你父母的人品和觉悟，对我们你可以有秘密，但不必有隔阂。你的朋友能做到的，我们只会做得更好。

6. 我爱你，你爱我吗？我问的是爱，不是愧疚不是感激不是敬重更不是道德绑架。

7. 孩子，你妈夸你搭乐高最好，弹钢琴第一，打冰球最牛，你可千万别当真。

石永言

2020 年 12 月 10 日　夜

教育之路无止境，
爱笑的妈妈更需要不断地自我成长

刚写这本书时心里很忐忑，写完这些文字，已经释然了许多，我从书中开篇时的那个"消防队员"妈妈，逐渐成为一个能适当放松、放手，相对淡定的妈妈。

没有父母愿意承认自己的孩子是"问题儿童"，仿佛这是一个扣上了就摘不下的耻辱帽，人人避而远之。但不能否认，很多时候父母们一直在尝试解决一个接着一个的问题，好似在赶路，也像游戏里的打 boss，一关接一关地闯，关关皆不同。

从前，我在育儿的路上稍有些成果，就会欣欣然松口气，有种目标达成的小快乐。但现在心态变了，人生不是由目标构成，目标只是孩子人生中的一个个坐标参照物，真正重要的是过程，实现目标、解决难题和经过努力最终失败，过程都是一样的宝贵。

尤其实现目标的过程，要远远重于所定的那个目标。实现只是一瞬间，但是这种过程却是我们真正能够一直拥有的。育儿十年，这么浅显的道理，我到现在才真的悟出来。

诗人博尔赫斯说："你的肉体只是时光，不停流逝的时光。"写这本书之初女儿幼儿园毕业刚要上小学，如今廷廷已经小学五年级了，麟麟也上了幼儿园。我终于敢尝试着总结，所谓的"问题儿童"其实是极少数的，绝大多数儿童表现出的"问题"都源于父母对孩子的不够了解，父母也没有真正认真看待每个人之间不同的成长。我们和孩子之间保持充分的交流，并给予充足的时间，绝大多数问题都会慢慢解决。

廷廷曾经非常爱哭，现在的她也爱掉眼泪，感情很细腻，但是更多时候能见她调皮或恬静的笑容，遇到事情懂得站在不同的立场去思考。

曾经很担心孩子做事三分钟热度，没有恒心和毅力。慢慢发现，对于真心喜爱的事情，沉浸在其中就是在享受自由，比如画画，她经常画了一下午却浑然不觉，无论走到哪里，去旅行、去吃饭，还是坐在车里，她的小包里永远带着小画本和笔，飞机上、火车上、饭桌上都不耽误写或画画。

她乐观、单纯、正直，一直与我们保持着非常顺畅的沟通，愿意分享和参与讨论。更加令我欣慰的是，同学之间发生了小纠纷，她不惮于维持正义，而且是理智、策略性地去维持正义，而不是做一个愚鲁或懦弱的旁观者、老好人。

而弟弟麟麟，又是和姐姐完全不同的人。姐姐不挑吃喝，弟弟特别挑食；姐姐爱写爱画，弟弟不爱拿笔爱动脑，对计算和数字有着过度的偏爱；弟弟不喜欢听讲故事，喜欢不厌其烦地翻看各种自然百科；弟弟不喜欢睡前聊天，睡前陪他口算心算才开心……这也意味着，我无法拿着已有的经验地图去探索这片森林。

成长的烦恼当然是层出不穷的，问题像海浪，一浪拍一浪，终其一生我们无外乎是发现问题、直面问题、解决问题。心态放松之后，孩子们的心态也轻松许多，从这个意义上来说，母亲的确影响整个家庭。

我深深地感谢我的孩子们，在陪伴他们经历成长的过程中，我无数次地重温自己的童年，与曾经的自己重合，那个光着脚丫在海边抓螃蟹捡贝壳的小姑娘、那个抱着收音机沉醉在小喇叭开始广播里的小女孩、那个青涩的幻想着外面世界的少女……我终于懂得成长不是所谓成为一个"更好的自己"，而是站在一个此时纵深时光的交汇点，能够向前看欣欣然看到希望，也能够转过身拥抱自己的漏洞和缺失，然后用更深的爱和勇气去照亮内心，达成理解。

如果要说期望，我还是期望我的孩子们多读书，多走走，书本中一言半语，伏脉千里，上言长相思，下言久别离，让他们看得更远。而大自然，江、河、湖、海、高山、沙漠、芳菲绿草，都是作家，都是诗人，都是导游，让他们心内更辽阔也更细腻。

最后就是感谢了，感谢我的父母、我的先生、我的妹妹对我的爱和呵护。感谢我的老师、朋友们的理解和宽容，感谢我的听众和粉丝们的厚爱。感谢臣君作为我的节目和写作的搭档，百折不挠地推动我，用几十个段子嘲讽我们的完稿速度。臣君也要感谢的人有他的好朋友张琳、张鹏、石磊。

希望这本书能够帮助您，教育之路无止境，让我们一起做"爱笑的父母"，一起成长。为了我们，为了孩子，为了昨天今天和明天。

阿宝

2021 年 11 月

写于沈阳